Das Plakat! Die Kunst der Straße!

Ulrike Wolff-Thomsen

Das Plakat!

Die Kunst der Straße!
1889 – 1914

Bestandskatalog der Plakatsammlung
des Museumsberges Flensburg

Inhalt

Zu Katalog und Ausstellung

Auch Kenner der Plakatkunst werden überrascht sein, von einer Flensburger Plakatsammlung zu hören, die trotz dreimaliger Präsentation 1898, 1904 und 1973/74 unbekannt geblieben ist. Seit der räumlichen Erweiterung mit dem Hans-Christiansen-Haus im Mai 1997 fühlt sich der Museumsberg Flensburg der Kunst der Jahrhundertwende 1900 besonders verpflichtet, feierten doch die beiden Namensgeber der Museumsbauten – Heinrich Sauermann (1842–1904) und Hans Christiansen (1866–1945) – auf der Pariser Weltausstellung 1900 ihre bedeutenden Erfolge: auf der einen Seite Heinrich Sauermann mit dem im Stil des Historismus gestalteten »Pariser Zimmer«, für das er mit Goldmedaillen ausgezeichnet wurde und das eines der meist bewunderten Objekte innerhalb der heutigen Ausstellungskonzeption darstellt, auf der anderen Seite der aus Flensburg gebürtige, alle Gattungsbereiche beherrschende Jugendstilkünstler Hans Christiansen, der gemeinsam mit seinen Mitstreitern in der Darmstädter Künstlerkolonie Mathildenhöhe für die Weltausstellung das »Darmstädter Zimmer« entwarf, das der Stilkunst mit zum Durchbruch verhalf. Große Teile seines Nachlasses werden im Flensburger Museum aufbewahrt.

Mit den beiden Stilen – Historismus und Jugendstil – sind bereits zwei künstlerische Richtungen genannt, die für die Entwicklung des Plakates wichtige Pole bildeten. Obwohl der Flensburger Museumsgründer Heinrich Sauermann ganz als ein Vertreter des bereits um 1900 überlebten Historismus anzusehen ist, gebührt ihm das Verdienst, den Grundstock der Plakatsammlung gelegt zu haben. Die von ihm im Jahre 1898 organisierte Ausstellung war eine der frühesten Ausstellungen in der Geschichte der deutschen Plakatkunst überhaupt. Zwei Jahre später ergriff Heinrich Sauermann auf der Pariser Weltausstellung die Gelegenheit, Plakate bedeutender französischer Künstler, darunter Jules Chéret, Eugène-Samuel Grasset und Alfons Maria Mucha, zu erwerben.

Nach dem Tod von Heinrich Sauermann im Jahre 1904 trat Ernst Sauermann (1880–1956) die Nachfolge seines Vaters als Museumsdirektor in Flensburg an. Nahtlos führte er die Plakatsammlung seines Vaters fort, ihm sind die auch quantitativ bedeutendsten Zugänge für den Sammlungsbestand zu verdanken. Bereits im Jahre 1904 richtete er in den Räumen des neu erbauten Flensburger Kunstgewerbemuseums die Ausstellung »Die Kunst auf dem Papier« aus. Das von ihm erarbeitete Konzept wird im nachfolgenden Beitrag genauer analysiert werden.

Als Ernst Sauermann 1920 als Direktor an das Thaulow-Museum nach Kiel ging, geriet die Plakatsammlung in Vergessenheit. Nach dem Zweiten Weltkrieg glaubte man, dass der größte Teil der Plakate durch kriegsbedingte Auslagerung verloren gegangen sei. Erst Ellen Redlefsen, von 1966–1974 Direktorin des mittlerweile umbenannten Städtischen Museums, spürte einen Teil des Bestandes auf dem Dachboden des Museums wieder auf und präsentierte ihn 1973/74 in einer Ausstellung mit dem Titel »Plakate um 1900. Ausstellung aus wieder aufgefundenen Sammlungsbeständen«. Ihr nur maschinenschriftlich erstellter Katalog umfasst 141 Nummern. Redlefsen irrte jedoch in zwei Punkten: Erstens ging sie fehl in der Annahme, dass die im Katalog von 1904 dokumentierten 160 Plakate geschlossen in den Sammlungsbestand des Museums überführt worden seien. 22 Plakate gehörten jedoch einem heute nicht mehr nachweisbaren privaten Sammler, dem Flensburger Kaufmann Boysen, ein anderer Teil war Ernst Sauermann von Kunstdruckanstalten nur für den Zeitraum der Ausstellung als Leihgabe zur Verfügung gestellt worden. Zweitens saß Redlefsen dem Irrtum auf, den gesamten Bestand wieder aufgefunden zu haben. Während ihres Volontariats (1992–1994) stieß die Autorin in einer Abseite des Altbaus auf eine vernagelte Holzkiste, die keinerlei Beschriftung aufwies. Darin fand sich zu aller Überraschung ein größeres Konvolut der erst- und letztmals 1904 gezeigten Plakate, die Redlefsen als verloren eingestuft hatte und die bis dato nicht inventarisiert waren.

Dies allein wäre Anlass genug, einen Bestandskatalog der gesamten Plakatsammlung der Jahrhundertwende zu erarbeiten. Der Katalog erlangt zudem seine Berechtigung und Bedeutung dadurch, dass über 50% der in der Flensburger Sammlung vertretenen Plakate in keiner anderen großen deutschen Plakatsammlung – weder in Berlin (Kunstbibliothek und Kupferstichkabinett), Bremen (Kunsthalle), Darmstadt (Hess. Landesmuseum), Essen (Museum Folkwang), Hamburg (Museum für Kunst und Gewerbe), Hannover (Kestner-Museum), Kassel (Staatliche Kunstsammlungen), Köln (Kunstgewerbemuseum), Krefeld (Kaiser-Wilhelm-Museum), Mannheim (Städtische Kunsthalle), München (Stadtmuseum und Neue Sammlung) und Stuttgart (Staatsgalerie)[1] – nachweisbar sind. Der Flensburger Bestand umfasst 204 Exponate und stellt sich damit als eine kleine, aber exklusive Sammlung vor, die besonders durch kleinere Schwerpunkte, die auf den Plakaten der Pariser Weltausstellung und englischen Plakaten von Dudley Hardy und John Hassall liegen, einen eigenen Charakter aufweist. Dadurch dass der Bestand nur in einem relativ kurzen Zeitraum um 1900 zusammengetragen wurde, kann hier der Versuch unternommen werden, das Entstehen der Sammlung in einen historischen Kontext einzuordnen und Fragen nach den Intentionen von Heinrich und Ernst Sauermann und der Wirkungsabsicht auf Publikum und Künstlerschaft zu stellen. Dieser Ansatz gewinnt angesichts der erst gerade in den Anfängen begriffenen Forschung zur Sammlungsgeschichte von Museen und deren Bedeutung für die allgemeine Geschmacksbildung an Aktualität.

Die Auswahl der Farbtafeln im Katalog wird zum einen durch die Qualität des jeweiligen Plakates, zum anderen vielfach durch die singuläre Überlieferung des Exponates in der Flensburger Sammlung begründet. Dem Hängungskonzept der Ausstellung liegen folgende Überlegungen zugrunde: Ihrer Funktion und ihrer ursprünglichen Verwendung Rechnung tragend, werden die Plakate – soweit dies stilistisch und ästhetisch verträglich ist – unabhängig von ihrer damaligen spezifischen Nutzung als Außen- oder Innenplakat, vergleichbar einem scheinbar zufälligen Neben- und Übereinander an einer Häuserwand oder an einer Litfaßsäule, an den Ausstellungswänden platziert. Die Hängung knüpft zugleich an das von Sauermann überlieferte Konzept der ersten Plakatausstellung am selben Ort 1904 an. Absicht ist es, nicht allein möglichst viele unbekannte Plakate vorzustellen, wichtiger ist es, sie ihrer ursprünglichen Funktion gemäß zu zeigen und damit einer die kontextuellen Determinanten zuwiderlaufenden Präsentation und einer Aufwertung als autonome Kunstwerke entgegenzutreten.

Unser Dank gilt allen, die zum Gelingen der Ausstellung und des Kataloges beigetragen haben, besonders den Mitarbeiterinnen und Mitarbeitern des Museums, Frau Dr. Dorothee Bieske und Frau Petra Heide-Petersen. Hervorzuheben ist in besonderer Weise die ehrenamtliche Arbeit von Herrn Dieter Hankel, der in mühevoller Kleinarbeit maßstabsgetreue Muster fertigte und uns wichtige Entscheidungshilfen für das Hängungskonzept gab.

Wir danken der Kulturstiftung der Sparkasse Schleswig – Flensburg für die großzügige finanzielle Unterstützung dieser Publikation.

Ulrich Schulte-Wülwer
Museumsberg Flensburg

Ulrike Wolff-Thomsen
Kunsthistorisches Institut der Universität Kiel

1 Auf der Grundlage des 1977/78 dokumentierten Gesamtbestandes in den Bänden »Das frühe Plakat«

(Abb. 1) Zwei Symbole
der bedeutenden Pariser Weltausstellungen, der 1889 errichtete Eiffelturm
und der 1900 gebaute Globe Céleste.

Das Plakat! Die Kunst der Straße!

Überlegungen zu Ernst Sauermanns Position innerhalb der Kunstgewerbebewegung um 1900

Nicht allein als eine der ersten, sondern als die erste Präsentation überhaupt wurde die Ausstellung »Die Kunst auf dem Papier« in den neuen Räumen des am 13.8.1903 eröffneten Kunstgewerbemuseums in Flensburg in der Zeit vom 27.2. bis 4.4.1904 gezeigt.[1] Sie zeichnete sich zudem in dem Kreis der wenigen bis dato im Deutschen Reich ausgerichteten Plakatausstellungen noch besonders aus: Sie war nicht ausschließlich der aktuellen, internationalen Plakatkunst gewidmet, sondern enthielt außerdem alle zeitgenössischen Formen des Buchdrucks (Drucksatz, Titelblätter, Vorsatzpapier, Einbanddecken) sowie Menü- und Speisekarten, Weinkarten, Etiketten und Glückwunschkarten. Tapeten sollten einer nachfolgenden, jedoch nicht realisierten Spezialausstellung vorbehalten sein. – Nach heutigen Gesichtspunkten ist man sicherlich überrascht über ein solches Konzept.

Welche Intention verfolgte der frisch promovierte Museumsdirektor Ernst Sauermann (1880–1956) mit der Konzeption der Ausstellung von 1904? Leitete ihn ein bestimmtes, an Publikum und Künstlerschaft adressiertes Anliegen? In diesem Beitrag soll der Frage nach der Entstehung der Flensburger Plakatsammlung nachgegangen werden, die unmittelbar mit der Ausrichtung der Ausstellung »Die Kunst auf dem Papier« verbunden war, zugleich soll geklärt werden, warum sich Sauermann gerade dieser Gattung angenommen hat und welche ästhetischen und künstlerischen Präferenzen ihn leiteten. Darüber hinaus wird die Plakatausstellung von 1904 in ihrem historischen Kontext, auch in den Kontext der nachfolgend von Ernst Sauermann zwischen 1904 und 1920 ausgerichteten Ausstellungen und seinen weiteren kulturpolitischen Aktivitäten einzuordnen sein.

Obwohl die Ausstellung »Die Kunst auf dem Papier« zu einer der frühesten im Deutschen Reich gezeigten Plakatausstellungen zählt – eine erste, vermutlich noch sehr kleine Schau war von Justus Brinckmann 1893 für das Museum für Kunst und Gewerbe in Hamburg zusammengestellt worden[2], erste größere, auch international besetzte Ausstellungen fanden 1896 wieder unter Brinckmann in Hamburg und unter der Leitung von Max Lehrs im Dresdener Kupferstichkabinett[3] statt –, ist sie überraschenderweise nicht die erste ihrer Art in Flensburg. Der im Februar 1893 auf Initiative von Ernst Sauermanns Vater Heinrich ins Leben gerufene Flensburger Verein für Kunst und Kunstgewerbe hatte bereits im Januar 1898 im damaligen Bahnhofshotel eine erste Plakat-Ausstellung ausgerichtet.

Leider erschien zur Ausstellung von 1898 kein Katalog, lediglich aus den Berichten in den Flensburger Nachrichten lässt sich ein Einblick gewinnen: Es seien Plakate und künstlerische Reklamebilder aus Deutschland, Frankreich, Belgien, England und Nordamerika gezeigt worden, die in »erschöpfender Weise« Aufschluss gegeben hätten, »in welcher hervorragenden Weise die Kunst in den Dienst der heutigen Lebens- und Produktionsbedingungen« getreten sei.[4] Der Verein für Kunst und Kunstgewerbe hatte anfänglich allein das Ziel verfolgt, durch den Aufbau einer Bibliothek, durch Vorträge, Ausstellungen und Wettbewerbe einen Beitrag zur Hebung des Kunstgewerbes zu leisten.[5] Seit 1898 galt das Hauptinteresse dem Bau eines Kunstgewerbemuseums, um den provisorischen Zustand für die Unterbringung der von Heinrich Sauermann zusammengetragenen Kunstgewerbe- und Möbelsammlung zu beenden.

Ein weiteres wichtiges Jahr für die Entstehung des museumseigenen Plakatbestandes markiert die Jahrhundertwende 1900. Heinrich Sauermann nahm, vermutlich in Begleitung seines Sohnes Ernst, der sich soeben an der Berliner Universität für das Fach Kunstgeschichte eingeschrieben hatte, während seines Besuches der Pariser Weltausstellung (Abb. 1) die Gelegenheit wahr, aktuelle französische Plakate zu erwerben, die auf bestimmte, mit dem Großereignis in Beziehung stehende Veranstaltungen hinwiesen. Möglicherweise trat Sauermann auch in Kontakt zu einigen Pariser Kunstdruckanstalten.

Am 13. August 1903 wurde das Kunstgewerbemuseum der Stadt Flensburg eingeweiht. Dem Kunstgewerbeverein darf dabei wiederum eine maßgebliche Rolle zugeschrieben werden. Obwohl das Museum aufgrund des privaten Engagements von Heinrich Sauermann bereits 1876 gegründet worden war und damit zu den ältesten Kunstgewerbemuseen Deutschlands zählt,[6] war die Unterbringung und Präsentation der immer umfangreicheren Sammlung bis zur Jahrhundertwende unzureichend geblieben. Aus finanziellen Gründen wurde die Inangriffnahme des von staatlicher und städtischer Seite befürworteten Neubaus hinausgezögert – erst als der Kunstgewerbeverein »eine Agitation in Abgeordnetenkreisen [des Abgeordnetenhauses des preußischen Landtages in Berlin] eingeleitet hatte, gelang es, die Kgl. Staatsregierung erneut für die Angelegenheit zu gewinnen.«[7] Ein Jahr nach der Krönung seines Lebenswerkes verstarb Heinrich Sauermann am 3. Oktober 1904.

Die Stadt Flensburg entschied sich, seinem damals 24jährigen Sohn, Ernst Sauermann, im November 1904 zunächst die kommissarische Leitung des Kunstgewerbemuseums und der Kunstgewerblichen Fachschule[8] zu übertragen, am 1. November 1906 erfolgte die offizielle Ernennung zum Museumsdirektor. Die letzte Ausstellung, die Heinrich Sauermann noch vergönnt war, galt der Plakatkunst. Es war zugleich die erste Ausstellung im neuen Museumsgebäude. Es ist jedoch zu vermuten, dass wesentliche konzeptionelle und organisatorische Aufgaben in den Händen seines Sohnes Ernst lagen, der seinem Vater seit Sommer 1903 als ›wissenschaftlicher Hilfsarbeiter‹ assistierte. Ernst Sauermann schaltete noch im Jahre 1903 eine Anzeige im »Börsenblatt des Deutschen Buchhandels« und bat Plakatkunstanstalten um Zusendung von künstlerisch gestalteten Plakaten und anderen Papierdruckerzeugnissen. Auch korrespondierte er direkt mit Kunst- und Buchdruckereien. Die Resonanz war sehr positiv: Allein 25 deutsche Kunstdruckanstalten folgten dem Aufruf.[9]

Was motivierte Ernst Sauermann zu dieser Ausstellung? Im Rückblick von wenigen Jahren – die deutsche Plakatentwicklung hatte enorme Fortschritte gemacht und seine Rückständigkeit im internationalen Vergleich überwunden – äußerte er sich sehr kritisch über die Ausstellung, die sein Vater 1898 mit organisiert hatte. Er ließ nur noch die beiden Plakate von Hans Unger »Estey-Orgeln« (Kat.-Nr. 145) und »Nikodé-Concerte« (Kat.-Nr. 146) und das der »Internationalen Kunstausstellung München« (Kat.-Nr. 143) von Franz Stuck gelten. Nur sie hätten sich aus dem »wenig erfreulichen Gesamtbild«

herausgehoben, das ansonsten von »viel Süßlichkeit« und »matte[n] Farben« bestimmt gewesen sei. Mit der neuen Ausstellung wolle er nun den Beweis antreten, dass unter dem Einfluss der französischen Plakatkunst eine deutliche Besserung eingetreten sei und »originelle Entwürfe«, »kräftige bunte Farben« und ein »gesunder frischer Zug in der Linie« die Werke bestimmen würden.[10]

Sauermann wählte die Exponate aus drei Beständen aus: Aus der museumseigenen Sammlung kam der größte Teil, ein anderer Teil war ihm von den »bedeutendsten« Plakatdruckanstalten aufgrund seines Aufrufes im »Börsenblatt« zur Verfügung gestellt worden, und ein Konvolut von 22 Plakaten stammte aus dem Besitz des Flensburger Privatsammlers und Kaufmannes Boysen[11].

Wie 1898 wurde auch diese Ausstellung von einem Vortrag begleitet: War 1898 ein Dr. L. Petersen als Gastredner eingeladen, so hielt im Februar 1904, wenige Tage vor der Ausstellungseröffnung, Jean Loubier, Direktorialassistent am Kgl. Kunstgewerbemuseum in Berlin und Autor des Werkes »Der Bucheinband in alter und neuer Zeit«, einen einführenden Vortrag über die »Künstlerischen Bestrebungen im Buchdruck«.[12] Es müsse nach neuen Wegen für eine künstlerische Gestaltung des Buchdrucks gesucht werden, Ziel sei es, »einheitliche Typen ohne überflüssiges Beiwerk« zu gestalten: »In den neunziger Jahren sei darauf erst von England, dann von Amerika aus neue Anregung zur Betretung gesunder Geschmacks-Bahnen gekommen, die in Deutschland Nachahmung gefunden, aber auch in der Folge zu einem neuen selbständigen Stil gefunden hätten, so daß sich nunmehr, im Gegensatz zu dem unruhigen Pflanzen- und Linienornament der freien Richtung der Akzidenzdruck in mehr geschlossenen, ruhigen und großen Formen bewege. – Das neumodische Ornament tue es nicht, – das Ganze (Satz und Zierrat) müsse kunstvoll zusammengestellt werden, darum müsse eben der Setzer selbst *Stilgefühl* besitzen.«[13] Die von Loubier formulierten Prämissen für den Buchdruck galten im Großen und Ganzen auch für die Plakatkunst.

Wichtiger noch als der Vortrag waren vier ausführliche Artikel auf den Titelseiten der Flensburger Nachrichten, die während der Ausstellung erschienen und nur mit »B.« gezeichnet waren. Darin hieß es, die Ausstellung würde einen entscheidenden Beitrag leisten, der neuen Plakatkunst zur Anerkennung zu verhelfen. »*Das Plakat! Die Kunst der Straße!* Wie sehr hat man diesen jüngsten Sproß unter den angewandten Künsten bisher verkannt!«[14] Die Gründe dafür lägen im seriellen Fertigungsverfahren, im wirtschaftlichen Zweck sowie in der Präsentation auf der Straße. Im Ausland hingegen bestünde bereits ein reges Sammlerinteresse, auch spezielle Sammlervereine hätten sich gegründet. Die Plakatkunst würde ein geeignetes, wenn nicht das geeignetste Medium der ästhetischen Erziehung der Allgemeinheit sein: »Dieser Nutzen aber kann gar nicht hoch genug angeschlagen werden und legt die Erwägung nahe, ob nicht die Frage nach der künstlerischen Entwicklung des Plakats eng verknüpft ist mit den Fragen der künstlerischen Volksbildung überhaupt.« Hier nun sei »künstlerisch wirklich Wertvolles« zusammengetragen worden. Vorbildlich sei darüber hinaus die »unter bestimmten künstlerischen Gesichtspunkten« geordnete Schau sowie der Katalog.[15]

Es lassen sich nur wenige Indizien für den Wahrnehmungsrahmen gewinnen, in dem die Werke präsentiert wurden. Der Katalog weist folgendes Hängungskonzept aus: Der erste Saal, der Westsaal im heutigen Heinrich-Sauermann-Haus, war deutschen und österreichischen Plakaten vorbehalten, die überraschenderweise nicht nach Künstlern oder Produktbereichen zusammengestellt, sondern nach den lithographischen Anstalten geordnet waren. Die beiden weiteren Säle hingegen waren nach Künstlern gehängt, der Ostsaal mit österreichischen, englischen, dänischen, amerikanischen und belgischen Plakaten und der Südsaal ausschließlich mit französischen Werken. Die große Anzahl der Exponate zeigt, dass sie aufs engste neben- und übereinander platziert waren. Obwohl auch sehr kleinformatige Entwürfe, Wandkalender und Vorsatzpapiere mit einbezogen waren, weist der Katalog beispielsweise für die zweite Wand im Westsaal allein 67 Nummern aus! Auch ohne photographische Aufnahmen fällt es nicht schwer, sich die Ausstellung überladen, ja »gepflastert« mit Plakaten vorzustellen, zumal die Räume mit Stellwänden, Glasvitrinen und Schaukästen bestückt waren, in denen die Buchkunst ihren Platz hatte.

Obwohl Sauermann einige Künstler wie Johann Vincenz Cissarz, Joseph Sattler, Fernand Schulz-Wettel im Vorwort lobend erwähnte, dokumentiert seine Ausstellung eine bemerkenswerte Breite der künstlerischen Richtungen und eine hohe Quantität an Namen. Mit wenigen Ausnahmen waren die knapp 60 deutschen

Künstler mit ein oder zwei Werken vertreten. Ausnahmen bildeten lediglich Cissarz, Hans Unger und Schulz-Wettel. Das sog. Sachplakat oder Sach-Schrift-Plakat, das seinen Siegeszug erst nach 1903 nahm, fehlte noch.

Überraschenderweise war – von dem schon damals international anerkannten, aus Flensburg gebürtigen Hans Christiansen einmal abgesehen – kein einziger schleswig-holsteinischer Künstler, weder Christian Wilhelm Allers, Nicolaus Bachmann, Alexander Eckener, Johann Holtz, Käte Lassen, Momme Nissen noch Fritz Stoltenberg, in der Ausstellung vertreten, obwohl die vor 1904 geschaffenen Plakate (Kat.-Nr. 79, 97, 124, 125, 141), die sich heute in der Sammlung befinden, durchaus hätten mit einbezogen werden können. Hat Sauermann die Künstler, die er alle persönlich kannte, bewusst ausgeschlossen?

Erstaunlich ist außerdem, dass Sauermann lediglich 13 österreichische Plakate, darunter kein einziges von einem namhaften Künstler, in die Ausstellung mit aufnahm. Nach Sauermanns Eindruck hätten sie »dem Bilde, das die Reichsdeutschen uns bieten, keine wesentlich neuen Züge hinzufügen« können. Waren ihm die Leistungen der Wiener Secessionisten unbekannt oder lehnte er sie gar ab?

Die benachbarte Wand des Ostsaales war 22 englischen Plakaten vorbehalten, der Schwerpunkt lag auf den beiden wichtigsten Künstlern Dudley Hardy und John Hassall, die für eine Richtung stehen, die sich deutlich von den Präraffaeliten und der Arts-and-Crafts-Bewegung absetzt.

Der dänische Beitrag mit zwei Plakaten und die amerikanische Abteilung mit vier Exponaten, ergänzt um zahlreiche Monatskalender, waren ebenfalls unterrepräsentiert. Unter den sieben belgischen Plakaten sind die heute noch in der Sammlung vertretenen drei Werke von Privat Livemont (Kat.-Nr. 40–42) hervorzuheben. Die beiden Exponate von Henri Cassiers gingen leider verloren oder waren dem Bestand nie zugehörig.

Ein eigener Saal nahm die 60 französischen Plakate auf, darunter allein elf Werke von Jules Chéret, jeweils vier von Alfons Maria Mucha und E. Charle Lucas (Kat.-Nr. 17–19) sowie drei von Eugène-Samuel Grasset (Kat.-Nr. 12). Zu den Plakaten, die Heinrich Sauermann von der Weltausstellung mitgebracht hatte, gehörten: Louis-Auguste Giradot: »L'Andalousie au temps des Maures« (Kat.-Nr. 11), Georges Meunier: »Bullier« (Kat.-Nr. 21), Misti: »A Pygmalion« (Kat.-Nr. 22), Henri Gray: »Pétrole Stella« (Kat.-Nr. 13), Anonym: »Palais du Costume« (Kat.-Nr. 36), Georges Fay: »Le Quartier« (Kat.-Nr. 9), Henri Patrice Dillon: »Eldorado« (Kat.-Nr. 7), Alexandre Lunois: »L'Andalousie au temps des Maures« (Kat.-Nr. 20), Alfons Maria Mucha: »Oesterreich auf der Weltausstellung« (Kat.-Nr. 25) und Pal: »Casino de Paris« (Kat.-Nr. 28).[16]

Wie ist die von Ernst Sauermann getroffene Auswahl zu bewerten? Um die Kunstauffassung des damals 24jährigen Kunsthistorikers zu verstehen, soll zunächst ein Augenmerk auf seinen Werdegang gelegt werden. Galt sein Vater Heinrich Sauermann als ein Hauptvertreter des Historismus,[17] so wandte Ernst Sauermann sein Interesse der – heute meist mit dem Begriff des Jugendstils umschriebenen – Stilkunst zu. Nach dem Besuch der Flensburger Oberrealschule in den Jahren 1892–1899 entschied er sich für ein Studium der Kunstgeschichte und Archäologie in Berlin. Daneben war er bestrebt, seine bereits durch seinen Vater angeregte Beschäftigung mit künstlerischen Techniken zu vervollkommnen und besuchte den Zeichenunterricht an der Königlichen Hochschule für Kunstgewerbe in Berlin. Später wechselte er an die Kunsthistorischen Institute nach Kiel und Heidelberg. In Kiel lehrte Adelbert Matthaei (1859–1924)[18], der als Experte auf dem Gebiet der mittelalterlichen Sakralkunst in Schleswig-Holstein Sauermann die Anregung für das Dissertationsthema »Die mittelalterlichen Taufsteine der Provinz Schleswig-Holstein« gegeben haben dürfte. Nach der Promotion im Juni 1903 in Heidelberg[19] entschied sich Sauermann für eine Museumslaufbahn und trat noch im Sommer 1903 seinen Dienst als – nach damaligem Sprachgebrauch – wissenschaftlicher Hilfsarbeiter in dem von seinem Vater geleiteten Kunstgewerbemuseum an. Ob die Zusammenarbeit beider spannungsfrei blieb, lässt sich aufgrund der wenigen überlieferten persönlichen Zeugnisse nicht mehr eruieren. Zumindest wechselte er nur ein knappes Dreivierteljahr später, im April 1904, als wissenschaftlicher Assistent an das von Justus Brinckmann geleitete Museum für Kunst und Gewerbe nach Hamburg – direkt nach Schließung seiner Plakatausstellung, die um eine Woche verlängert worden war. Nicht Sauermanns weiterer beruflicher Werdegang[20], seine während der Jahre zwischen 1904 und 1920 für das Flensburger Museum konzipierten Ausstellungen sowie seine sonstigen kulturpolitischen Unternehmungen sollen hier im Mittelpunkt

(Abb. 2) Henri Toulouse-Lautrec
gemeinsam mit Tremolada, Direktor des Moulin Rouge,
vor einem T.-L.-Plakat

stehen, denn sie offenbaren Sauermanns einerseits konservative, andererseits in Hinblick auf bildkünstlerische Positionen modernistische Einstellung. Vergegenwärtigt man sich Sauermanns Veröffentlichungen der genannten Jahre[21] und die im selben Zeitraum im Kunstgewerbemuseum unter seiner Verantwortung gezeigten Ausstellungen, so offenbart sich auf den ersten Blick eine Ambivalenz zwischen alter und neuer Kunst: Sein Interesse galt beispielsweise einerseits der Schnitzkunst des 16. und 17. Jahrhunderts sowie der Beiderwandweberei des 18. Jahrhunderts, andererseits nahm er innerhalb der Avantgarde-Bewegungen um die Jahrhundertwende eine fortschrittliche Position ein. Bereits im Jahre 1905 bemühte er sich um eine Ausstellung mit Werken Emil Noldes, die 1909 zu stande kam.[22] Im Juni 1907 war im Flensburger Museum eine der ersten Ausstellungen der für heftige Kontroversen sorgenden Künstlergruppe »Die Brücke« zu sehen. Für die damalige Zeit nicht selbstverständlich, maß Sauermann zudem den Werken von Ernst Barlach eine gleich hohe Bedeutung wie den Arbeiten von Hans Brüggemann und Hans Gudewerth bei.[23]

Wichtig war ihm bei der Tradierung des Vergangenen eine enge Kopplung an die Gegenwart. Er lehnte die Gegenwartsflucht des Historismus grundsätzlich ab. Sein Engagement für die Stilkunst lag vermutlich in der Hoffnung begründet, sie könne einen Ausweg aus der tief empfundenen Entfremdung von Kunst und Leben bieten. Diesem Ziel galten seine Bemühungen, alle Gebrauchsgegenstände des Alltags künstlerisch zu gestalten. Nach dem Konkurs der Webschule in Scherrebek unternahm Sauermann Anfang 1907 einen neuen Anlauf und gründete den »Nordschleswig'schen Verein zur Förderung der Hausweberei«. Um für diesen Verein zu werben, bereiste er das Land, hielt überall Vorträge und veranstaltete im Flensburger Museum im November 1909 eine Ausstellung »Schleswig'sche Beiderwand«[24]. Unter diesen Aspekten wird verständlich, dass parallel zu den Ausstellungen »Die Kunst auf dem Papier« und des Buchkünstlers Johann Holtz eine Ausstellung über »modernes« Kinderspielzeug gezeigt wurde, die als Ziel eine »Reorganisation der Kinderstube«, das »Streben nach Qualität der Arbeit« und den »Aufschwung des Kunstgewerbes« verfolgte.[25] Gerade für das Handwerk forderte Sauermann die Überwindung der überlebten historischen Stilismen ein – eine klare Gegenposition zu seinem Vater: »Es ist hierbei zu bedenken, daß eine Nachahmung von überlieferten Formen nicht mehr in Frage kommen und daß das einzige, was neben einigen technischen Erfahrungen bei einer vernünftigen Betrachtung der Denkmäler alter Handwerkskunst als Gewinn verbucht werden kann, die Erkenntnis und die Einfühlung in den Gesinnungsgehalt der alten Arbeiten sein muß.«[26]

Sauermann war über den aktuellen Diskussionsstand der Avantgarde-Bewegungen gut unterrichtet, das Kunstgewerbemuseum bezog allein 33 deutsche und drei ausländische Zeitschriften im Abonnement, darunter die auf diesem Gebiet so wichtigen Zeitschriften wie »Dekorative Kunst« (München, gegr. 1897), »Innendekoration« (Darmstadt, gegr. 1890), »Jugend« (München, gegr. 1899), »Kunstgewerbeblatt« (Karlsruhe/Leipzig, gegr. 1885), »Deutsche Kunst und Dekoration« (Darmstadt, gegr. 1897), »Kunstwart« (München, gegr. 1887), »Art et Décoration« (Paris) und »The Studio« (London, gegr. 1893).[27] Sein kunsterzieherisches Anliegen zeigte sich auch in der Zugänglichkeit der Zeitschriften für jedermann in der Museumsbibliothek.

Im Hinblick auf die Plakatkunst der schleswig-holsteinischen Künstler scheint er größeren Reformbedarf erkannt zu haben – seine Kritik entzündete sich vermutlich an dem Zuviel an Schrift, der unzureichenden gestalterischen Korrespondenz von Bild und Text und an der Tradierung allegorischer Formen. Doch warum nahmen sich gerade die Kunstgewerbemuseen der Aufgabe an, die Aussöhnung von Kunst und Leben mit voranzutreiben und die Polarität von Kunst und Industrie mit zu entschärfen? Wie ist eine Kunst zu bewerten, die sich in den Dienst kapitalistischer Interessen stellte oder deren Produzenten angesichts eines immer größer werdenden Künstlerproletariats gezwungen waren, sich anderen Markterfordernissen zu stellen und ökonomischen Interessen folgende »Nutzgegenstände« zu gestalten?

Mitte der 1890er Jahre vollzog sich ein Paradigmenwechsel: Zwar wollten die Kunstgewerbemuseen – und mit dieser Zielsetzung waren sie seit ihrer Gründung angetreten – geschmacksbildend und erzieherisch wirken, doch ihr Instrumentarium wandelte sich.[28] War ihr Sammlungskonzept in den ersten Jahrzehnten durch die Anlage von Muster- und Vorbildersammlungen bestimmt gewesen, sollten historische Kunstgegenstände in ihrer Formgebung auch für neue industriell gefertigte Produkte vorbildlich sein, so wandte man sich nun mit dem Plakat der eigenen Gegenwart zu. Mit den Ausstel-

(Abb. 3) Nicht nur die kahlen Häuserwände, auch die Pissoirs wurden mit Plakaten »verschönert«.
Paris, Ecke Rue Saint-Séverin / Rue Saint-Jacques (5. Arr.), 1899

lungen, mit der Überführung der Plakate in die Museen, wurde das neue künstlerische Fach innerhalb der Gattung der angewandten Kunst aufgewertet. Die Ausstellungsmacher setzten Normen für einen gesellschaftlich verbindlichen Kanon für das »gute« Plakat.

Einher ging die Erkenntnis vonseiten der Kunsthistoriker, dass der Kunstgenuß nicht mehr ausschließlich jenseits der industriellen Lebenswelt und fern der kapitalistischen Ökonomie möglich sei, sondern dass es im Gegenteil zu einer Aussöhnung von Kunst und Leben kommen müsse. Kunst sollte Eingang in alltägliche Lebensbereiche finden. Der Kunst wurde die neue Aufgabe zugesprochen, einen Beitrag zur Ästhetisierung der Lebenswelt eines Jeden zu leisten. Über das Plakat, das jedermann zu jederzeit im öffentlichen Raum wahrnehmen konnte, sollten – so glaubten die Zeitgenossen – auch soziale Differenzen gemildert werden. Obwohl die Wahrnehmung des Plakates selbst keine sozialen Klassenunterschiede kannte, blieb das angepriesene Produkt für untere soziale Gruppen unerreichbar. Trotz der Wahl einer öffentlichen Bildsprache und seines scheinbar populistischen Charakters bildete der avisierte Adressatenkreis lediglich eine kleine gesellschaftliche Gruppe, das mittlere und gehobene Bürgertum und der Geburts- und Wirtschaftsadel. Das Plakat als ein, wenn nicht das wichtigste vermittelnde Medium zwischen Warenproduzent und -konsument setzte die Normen einer neuen bürgerlichen Konsumkultur. Es pries nicht allein das Produkt an, sondern schuf über die an die Ware geknüpften Bilder Sehnsüchte, machte bislang unerfüllte Bedürfnisse glaubhaft. Es war (und ist) ein wichtiges Instrumentarium der Geschmacksbildung und -vermittlung.

Anmerkungen

1 Kunstgewerbe-Museum Flensburg: Katalog der Ausstellung »Die Kunst auf dem Papier«, bearb. von Ernst Sauermann, Flensburg 1904, im folgenden abgekürzt zitiert Sauermann 1904

2 N.N.: Die Hamburger Plakat-Ausstellung, in: Die Reklame 1893, S. 167; vgl. Museum für Kunst und Gewerbe Hamburg: Plakatausstellung, bearb. von J. Brinckmann mit einem Nachwort von M. Brinckmann, Hamburg 1896

3 Max Lehrs: Ausstellung künstlerischer Plakate, Kgl. Kupferstichkabinett, Dresden 1896

4 N.N.: Kunstgewerbeverein, in: Flensburger Nachrichten 14.1.1898, S. 2

5 Vgl. Protokollbuch des Kunstgewerbevereines, Archiv Museumsberg Flensburg

6 Barbara Mundt: Die deutschen Kunstgewerbemuseen im 19. Jahrhundert, München 1974, S. 49

7 Ernst Sauermann: Zur Geschichte des Museums, in: Verwaltungs-Bericht des Kunstgewerbe-Museums der Stadt Flensburg über die Zeit v. 1. April 1901 – 1905, Flensburg 1906, S. 11

8 Erst am 1. Juli 1905 erfolgte die Trennung beider Ämter, der Direktor der Fachschule wurde Anton Huber. Vgl. Kat. 100 Jahre Werkkunstschule Flensburg 1890 – 1990. Städt. Museum, Flensburg 1990

9 Aus Berlin: Otto von Holten, Sittenfeld, Meisenbach, Riffarth & Co., M. Fischer, Steglitzer Werkstatt und Hollerbaum & Schmidt; aus Berlin / Leipzig: Giesecke & Devrient; aus Dresden: Meinhold & Söhne, Theodor Beyer, Wilhelm Hoffmann und Franz Rangette & Söhne; aus München: Wolf & Sohn, der Jugend-Verlag und Meisenbach, Riffarth & Co.; aus Stuttgart: Seeger; aus Hannover: König & Ebhardt; aus Leipzig: Grimme & Hempel; aus Frankfurt: Maubach & Co.; aus Prag: Haase; aus Hamburg: W. Kähler und Carl Griese; aus Darmstadt: H. Hohmann; aus Karlsruhe: Künstlerbund Karlsruhe; aus Baden: Ad. Odenwald & Co.; aus Düsseldorf: A. Bagel; aus Kiel: Handorff; aus Flensburg: Heesch.

10 Sauermann 1904, S. VII

11 Es lassen sich leider keine Anhaltspunkte über seine Person, die Qualität und den Verbleib seiner Sammlung gewinnen.

12 N.N.: Kunstgewerbeverein, in: Flensburger Nachrichten Nr. 44, 21. 2. 1904, S. 2

13 N.N.: Kunstgewerbeverein, in: Flensburger Nachrichten Nr. 48, 26.2.1904, S. 2

14 B.: Die Kunst auf dem Papier. I., in: Flensburger Nachrichten Nr. 52, 2. 3. 1904, S. 1

15 Flensburger Nachrichten Nr. 52, 2. 3. 1904, S. 1

16 Weitere Plakate, die noch nicht in die Ausstellung von 1904 einbezogen waren, kamen kurz darauf hinzu: Édouard Gelhay: »Au Champ de Mars« (Kat.-Nr. 10), A. Lemot: »Palais de la Mer« (Kat.-Nr. 15), und die beiden unbezeichneten Plakate: »Moscou au Musée Grévin« (Kat.- Nr. 34) und »L'Andalousie au temps des Maures« (Kat.-Nr. 35). Bis auf »Palais de Glace« (Kat.-Nr. 6) gingen alle Werke Jules Chérets verloren oder befanden sich im Eigentum der Privatsammlung Boysen.

17 Ellen Redlefsen: Heinrich Sauermann, ein Flensburger Möbelfabrikant und Museumsgründer vor 100 Jahren, in: Nordelbingen 45, 1976, S. 9–29; Kat. Heinrich Sauermann. Ein Flensburger Möbelfabrikant des Historismus, Städt. Museum Flensburg, Flensburg 1979; Ulrich Schulte-Wülwer: Sauermann, Heinrich, in: SHBL Bd. 10, 1994, S. 336–339

18 Vgl. Uwe Albrecht: Adelbert Matthaei (1859–1924), in: Kunstgeschichte in Kiel. 100 Jahre Kunsthistorisches Institut der Christian-Albrechts-Universität, Kiel 1994, S. 25–28

19 Vgl. Thomas Scheck: Sauermann, Ernst, in: SHBL Bd. 10, 1994, S. 330–336, bes. S. 330; Ernst Sauermann: Die mittelalterlichen Taufsteine der Provinz Schleswig-Holstein, Lübeck 1904, zugl. Phil. Diss. Heidelberg 1904

20 Mit Sauermanns Tätigkeit als Provinzialkonservator für Schleswig-Holstein (seit 1924) hat sich Thomas Scheck ausführlich beschäftigt. Vgl. Thomas Scheck: Denkmalpflege und Diktatur. Die Erhaltung von Bau- und Kunstdenkmälern in Schleswig-Holstein und im Deutschen Reich zur Zeit des Nationalsozialismus, Berlin 1995

21 Veröffentlichungen Ernst Sauermanns auf der Gebiet der Kunst und des Kunstgewerbes und Ausstellungen im Flensburger Kunstgewerbemuseum in seiner Verantwortung in den Jahren 1904 bis 1921: Kat. Kinderspielzeug. Ausst. vom 12.–27. 3. 1904, Flensburg 1904 (ohne Nennung des Autors); Ausst.-Kat. Die Vierlande, 6. 8.–6. 9. 1905, Flensburg 1905 (Vorwort E.S.); Ausst.-Kat. Hans Peter Feddersen, Flensburg 1906 (Vorwort Dr. Graef); Ausst.-Kat. Julius Fürst, Flensburg 1906 (ohne Nennung des Autors); Ausst.-Kat. Käte Lassen – Carl Sönke Cosmus, 12.–31. 1. 1907, Flensburg 1907 (ohne Nennung des Verfassers); Der Nordschleswigsche Verein für Hausweberei. Ein Rückblick und Ausblick. Mit Schwarzweiß-Zeichnungen von Käte Lassen, Flensburg 1908; Ausst.-Kat. Ludwig Dettmann, 27. 2.–3. 4. 1908, Flensburg 1908 (Vorwort E.S.); Ausst.-Kat. Jacob Nöbbe, 2.–31. 10. 1909, Flensburg 1909 (ohne Nennung des Verfassers, vermutlich E.S.); Schleswig'sche Beiderwand. Eine Sammlung von Geweben zeitloser und zeitgeistiger Art des 18. Jahrhunderts. Aus dem Bestande des Flensburger Kunstgewerbemuseums und aus dem Besitze des Herrn E. Kallesen in Flensburg, hrsg. von E.S., Frankfurt a.M. 1909 (1908); Handwerkliche Schnitzereien des 16. und 17. Jahrhunderts aus Schleswig-Holstein, hrsg. von E.S., Frankfurt a.M. 1910 (1909); Kat. Jacob Alberts – Ausst. vom 31. 6.–4. 9. 1910, Flensburg 1910; E.S. (Hg.): Schleswig-Holsteinischer Kunstkalender, 1911–1917; E.S. (Hg.): Schleswig-Holsteinisches Jahrbuch 1918 ff.; E.S.: Ein altes und ein neues Werk der Malerei auf dem Gebiet der kirchlichen Kunst, in: Schleswig-Holsteinischer Kunstkalender 1913, S. 61–72; E.S.: August Wilckens, in: Schleswig-Holsteinischer Kunstkalender 1915, S. 17–23; Ausst.-Kat. Hans Fuglsang. Nachlaß-Ausstellung, 28. 9.–12. 10. 1919, Flensburg 1919 (Vorwort E.S.); E.S.: Die Wandmalereien von Professor A. Wilckens in der Kirche zu Starup, in: Schleswig-Holsteinisches Jahrbuch 1920; E.S.: Stilkunst und Volkskunst in der nordschleswigschen Hausausstattung, in: Schleswig-Holsteinisches Jahrbuch 1921, S. 94–108

22 Zur Geschichte der Gemäldegalerie und der frühen Kunstausstellungen des Flensburger Museums, vgl. Ulrich Schulte-Wülwer: Malerei in Schleswig-Holstein, Katalog der Gemäldesammlung des Städt. Museums Flensburg, Heide 1989, S. VI XV

23 Scheck 1995, S. 37

24 Ernst Schlee: Scherrebeker Bildteppiche, Neumünster 1984, S. 139f.

25 Vorwort des Kat. Kinderspielzeug. Ausst. vom 12.–27. 3. 1904, Flensburg 1904

26 Ernst Sauermann: Neue Wege, in: Schleswig-Holsteinisches Jahrbuch 1925/26, S. 105–108, bes. S. 107f.

27 Eine Auflistung aller damals bezogenen Zeitschriften, vgl. Verwaltungs-Bericht des Kunstgewerbe-Museums der Stadt Flensburg über die Zeit v. 1. April 1901–1905, bearb. von E. Sauermann, Flensburg 1906, S. 65–67

28 Anregungen zu diesen Überlegungen gingen von zwei Untersuchungen aus, die aber nicht der Plakatthematik gewidmet sind, vgl. Herbert Schnädelbach: Die Abkehr von der Geschichte. Stichworte zum »Zeitgeist« im Kaiserreich, in: Ideengeschichte und Kunstwissenschaft. Philosophie und bildende Kunst im Kaiserreich, hrsg. von Ekkehard Mai/Stephan Waetzoldt/Gerd Wolandt, Berlin 1983, S. 31–43; Ingeborg Cleve: Geschmack, Kunst und Konsum. Kulturpolitik als Wirtschaftspolitik in Frankreich und Württemberg (1805–1845), Göttingen 1996

(Abb. 4) John Parry:

Brandmauer in London, 1835, London,

Victoria & Albert Museum

Kleine Geschichte der internationalen Plakatkunst der Jahrhundertwende 1900

Exemplifiziert an der Flensburger Sammlung

Die spezifischen Charakteristika der Plakatkunst in den Ländern Frankreich, England / Amerika, Belgien und Deutschland sollen in gebotener Kürze, die zwangsläufig zu Aussparungen führen muss und mit Verzerrungen zu rechnen hat, vorgestellt werden.[1]

Seit den 1880er Jahren gewinnt die künstlerisch anspruchsvolle Plakatkunst in Abgrenzung zum bis dato üblicheren Anschlag, der ohne Illustrationen oder plakatspezifische Gestaltungsmerkmale auskam, an neuer Qualität.[2] Obwohl mit dem Namen des Berliner Ernst Litfaß verbunden, geht die Erfindung einer runden Anschlagsäule für Plakate nicht auf ihren Namensgeber zurück, sondern wurde bereits 1824 in London patentiert bzw. seit Anfang der 1840er Jahre auch in Paris genutzt. John Parrys Bild von 1835 (Abb. 4) illustriert sehr anschaulich die zuvor praktizierte »wilde« Plakatierung von Anschlägen an Häuserwänden und Bauzäunen in London, die behördliche Regelungen und Strafmaßnahmen auf den Plan rief. Litfaß erkannte seine Chance und ließ sich für sein eigens dafür gegründetes erstes »Plakatanschlaginstitut« bereits 1855 die alleinige Genehmigung für den Plakatanschlag in Berlin erteilen.

Neben den drucktechnischen Voraussetzungen durch die Erfindung des Steindrucks oder der Lithographie durch Alois Senefelder kurz vor 1800 müsste ein Bündel an gesellschaftlichen und wirtschaftlichen Gründen genannt werden, die es notwendig machten, für Produkte unter den verschärften Bedingungen der modernen, anonymen Massengesellschaft und vor dem Hintergrund einer riesigen Warenproduktion auf neue Weise zu werben. Die Industrialisierung bediente sich des Plakatdrucks als neuer Vermittlungsinstanz zwischen Warenproduzent und Käufer. Zudem bewirkte der enorme wirtschaftliche Aufschwung nach 1893 / 94, nach langen Jahren der Depression, dass der Fortschritt und die mit ihm verbundenen Erfindungen für jedermann im Alltäglichen wahrnehmbar waren: elektrische Straßenbeleuchtung, Telefon, Schreibmaschine, Elektrogeräte, Untergrund- und Straßenbahn, Automobil oder Fahrrad. Mit der wachsenden Hektik in den Großstädten und der zunehmenden Mobilität weiter Kreise wurde zudem nach der Jahrhundertwende ein neuer Plakattypus, das Sachplakat, erforderlich.

Auf internationaler Ebene gab es die ersten Plakatausstellungen 1884 in Brüssel und Paris.[3] Besonders seit der Pariser Weltausstellung 1889, der eine zentrale Bedeutung für die künstlerische Entwicklung des Plakats zuzusprechen war, wurden in der französischen Hauptstadt jährlich Plakatausstellungen gezeigt.

Frankreich

Paris gilt als die Wiege der modernen Plakatkunst, Jules Chéret (1836–1932) als deren »Vater«: Sein Werdegang ist vielleicht auch deshalb bezeichnend, weil er sich nicht nach einer künstlerischen Ausbildung als Maler dem Plakatentwurf zuwandte, sondern als gelernter Lithograph aus der Praxis kam und sich durch Studien in London zukunftsweisende Kenntnisse erworben hatte. Unter Mitnahme moderner englischer Druckmaschinen kehrte er 1866 nach Paris zurück und eröffnete eine eigene Lithographieanstalt, aus der später die berühmte Imprimerie Chaix hervorgegangen ist. Schon die Zeitgenossen würdigten seine Leistungen: »Dieser Künstler erkannte sehr richtig, dass eine Kunst, welche auf der Straße wirken soll, eine völlig andere Auffassung und Technik verlangt, als Gemälde, die für ein Museum oder Salon geschaffen werden, dass man hier einem Gegenstand alle Realität, selbst alles gedankliche Interesse wegnehmen dürfe und nur Staunen und Überraschung zu erregen habe, dass kecke, bis zur Willkür originelle Farben kräftiger und fascinierender an Säule und Mauer wirken als süssliche, peinlich ausgeführte Chromolithographien von fünfundzwanzig, sechsundzwanzig Farbensteinen. Ihm genügten fünf, deren Übereinanderdruck ausserdem noch zwei weitere Farben ergab. Durch eine solche Beschränkung des Materials musste natürlich eine neue Art, künstlerisch zu sehen, geschaffen werden. Der Gegenstand konnte nicht mehr wie früher ›naturgetreu‹ wiedergegeben, er musste koloristisch vereinfacht werden, indem der Künstler keck drei oder vier Farben herauslas und damit eine künstlerische, geschlossene Einheit zu schaffen suchte. Ein solches Ereignis der Entwicklung erhob das Plakat zum regelrechten Kunstwerk.«[4]

Chérets 1896 entstandenes Plakat »Champs-Elysées. Palais de Glace« (Kat.-Nr. 6) verdeutlicht sehr anschaulich, wie meisterhaft er die Reduktion beherrschte: durch die Konzentration auf einzelne Bildfiguren, durch die Aussparung des Hintergrundes und die Beschränkung auf wenige, weithin sichtbare, leuchtende und flächig aufgetragene Farben. Sein überlegtes Bild-Text-Verhältnis wird durch gut lesbare Lettern begünstigt. Das Plakat verspricht ein harmonisches Geschlechterverhältnis: Visualisiert wird nicht ein bestimmter Moment des Glücks, sondern die Vorstellung, jeder könne wie das elegante Paar auf dem Eis beschwingt und mit großer Leichtigkeit durchs Leben gleiten. Es verheißt ein unbeschwertes Lebensgefühl, ein Entbundensein von Verpflichtungen jeglicher Art. Die auch nicht fiktional für den Betrachter betretbare Bildwelt dient als Projektionsfläche unerfüllter Wünsche. Es sind jedoch keine unerreichbaren Traumwelten, sondern an der Wirklichkeit und der eigenen Gegenwart orientierte Idealbilder, die jeder für sich zu realisieren erhofft. Damit kreierte Chéret in den 1880er Jahren einen für viele andere Plakatkünstler vorbildlichen Stil (vgl. Georges Meunier: »Bullier«, Kat.-Nr. 21).

Neben Chéret sind weitere Künstler zu nennen, die für die internationale Plakatentwicklung wegweisend waren: Henri de Toulouse-Lautrec (1860–1939), Eugène-Samuel Grasset (1845–1917) und Alfons Maria Mucha (1860–1939), dem als gebürtiger Tscheche und aufgrund seines Lebensweges eine gewisse Sonderrolle zugesprochen werden darf. Diese drei näherten sich als Maler, Kunstgewerbler oder Graphiker der Plakatkunst.

Wie kein anderer hat der bereits von den Zeitgenossen als »König der Plakatkünstler« gerühmte Toulouse-Lautrec die Pariser Halbwelt in den Mittelpunkt gerückt. Welch gewaltiger Unterschied besteht zwischen Toulouse-Lautrecs Anpreisung des Buches »Reine de Joie« (übersetzt: Königin der Freude) von Victor Joze (Kat.-Nr. 31) und Richard Schaupps Anzeige des Buches »Im Kampf um Afrika« von Ohm Krüger (Kat.-Nr. 132)! Das Bild entwickelt bei Toulouse-Lautrec ein vom Produkt unabhängiges Eigenleben. Der hohe sinnliche Reiz, eine gewisse Frivolität in der Wiedergabe der reizvollen zwielichtigen Demimonde entsteht durch die teilweise drastische Überzeichnung der Protagonisten, dem dickleibigen älteren Herrn, der mühsam seine letzten Haarsträhnen über die Glatze gekämmt hat, und der sich für Geld an ihn schmiegenden, biegsamen jungen Frau, die ihn auf die Nase zu küssen sucht. Der zweite Herr an der Tafel, ebenfalls im schwarzen Frack, wendet seinen Blick ab auf ein außerhalb der Bildwelt liegendes Ziel. Toulouse-Lautrecs Plakate verfehlten ihre eigentliche Funktion, das Produkt anzupreisen, doch sie sorgten im damaligen Paris für großes Aufsehen und erfüllten auf diese Weise vermutlich umso effektiver ihren Zweck. Die Bildfiguren gewinnen ihre Dynamik einzig durch ihre bewegte Konturlinie und die kontrastierenden Farbflächen, die ohne Binnenzeichnung auskommen. Wie Chéret genügten auch Toulouse-Lautrec vier Farben, um – wie die Zeitgenossen sagten – ein »Brillantfeuerwerk« zu entzünden.[5] Im Helden des Romans und auf dem Plakat erkannte sich der Pariser Bankier Baron de Rothschild wieder, der Buch wie Anschlag aufgrund ihres diffamierenden, antisemitischen Charakters zu verbieten suchte.

Grassets Stil ist durch romantisch-historisierende und präraffaelitische Formelemente bestimmt und setzt sich deutlich von den von Chéret oder Toulouse-Lautrec vertretenen Richtungen ab. Grasset verknüpft die Plakatkunst mit einem sozialreformerischen Anspruch, wie dies in England bei Walter Crane oder William Morris der Fall war. Sarah Bernhardt, die Diva des Pariser Theaters, wird in dem 1889 entstandenen Plakat »Jeanne d'Arc« (Kat.-Nr. 12) in der Rolle der keuschen, hehren Idealen verpflichteten Jungfrau von Orleans präsentiert, der die Pfeile und Speere der Gegner aufgrund ihrer Gottesfürchtigkeit und Siegesgewissheit nichts anhaben können. Obwohl der Schrift noch separate Bildzonen zugewiesen sind, ist sie durch die Wahl einer markanten, altertümlich wirkenden Letterntype formal wie farblich geschickt mit eingebunden. Das vermeintliche Überschreiten der ästhetischen Grenze von Bild- und Betrachterraum durch Jeanne d'Arcs über das Podest hinausragenden Schuh gleicht einer Bühnenhandlung, die den Betrachter in die Rolle eines Theaterzuschauers versetzt, der das Geschehen nur in Untersicht verfolgen kann. Das Plakat entsprach jedoch nicht den Vorstellungen der Schauspielerin, die Grasset zwang, ihren Wünschen einer gesteigerten Selbstinszenierung Rechnung zu tragen. In der zweiten, nur wenig modifizierten Fassung umrahmen lange, bis zu den Schultern reichende Haare ihre »gelifteten« Gesichtszüge.[6]

Mit Sarah Bernhardt in ihrer Rolle als »Gismonda« hatte sich auch Mucha auseinander zu setzen, der 1894 ein Plakat entwarf, das seinen Ruhm begründete und an dessen Konzeption er auch noch 1900 für die Werbung »Oesterreich auf der Weltausstellung« (Kat.-Nr. 25) zurückgriff. Sein Motivschatz leitete sich letztlich aus der in der Renaissance wieder entdeckten Ornamentform der maurischen Arabeske ab, Ausgangsmotiv seines »style Mucha«. In dem für das Zigarettenpapier »Job« entworfenen Plakat (Kat.-Nr. 24) geht zwar die kleinteilige Gestaltung der einen byzantinischen Mosaikstil imitierenden Rahmung auf Kosten der Fernwirkung, doch gewinnt es gerade durch den Einsatz von Gold als Farbe auch an Sakralität. Die junge, irdischem Dasein entrückte Frau verheißt durch ihre sinnliche Ausstrahlung einen unvergleichlichen Genuss beim Gebrauch dieses eigentlich äußerst profanen Artikels. Ihre langen Haare nimmt Mucha zum Anlass für ein freies, kalligraphisches Linienspiel, das ornamental an die Fläche gebunden bleibt.

England / Amerika

Auch für die englische Plakatkunst ist die Mitte der 1890er Jahre entscheidend, 1894 werden erste große Plakatausstellungen initiiert. Gegenüber den französischen Großformaten sind die englischen Plakate in der Flensburger Sammlung durch ein fast einheitliches mittleres Format gekennzeichnet. Sie erzielen ihre plakative Wirkung besonders durch die Wahl weniger, kräftiger Grundfarben, die zueinander bewusst kontrastieren. Gegenüber einer subtilen, differenzierten Tonnuancierung, wie sie beispielsweise Chéret entwickelte, erreichten sie in den Untergrundbahnhöfen der Millionenstadt und trotz des Nebels in London eine große Aufmerksamkeit.

Zu den populärsten englischen Plakatkünstlern zählen John Hassell (1868–1948) und Dudley Hardy (1867–1922), letzterer wohl auch deshalb, weil er mit pointiertem Witz seine Werke zu gestalten verstand. Hervorzuheben sind seine Arbeiten »Oh Susannah!« (Kat.-Nr. 44), »Dudley Hardy's Comic Guide« (Kat.-Nr. 46) und »The Alert Cycle« (Kat.-Nr. 47), die sich durch eine strenge Formvereinfachung und ein lebhaftes Schriftbild auszeichnen. Auch die Zeitgenossen wussten seine humoreske Note zu schätzen: »Zu dem flotten, großzügigen Wurf, wie er die Franzosen auszeichnet, gesellt sich als wirkungsvolles Moment noch ein Zug frischen Humors, der besonders in der drolligen Bewegung seiner Figuren zum Ausdruck kommt.«[7] Diese künstlerischen Prinzipien ließen ihn zum Vorbild für den Berliner Plakatkünstler Edmund Edel werden (»Im Sommer 1901 – Berliner Morgenpost«, Kat.-Nr. 98).

Das englische Theaterplakat arbeitet nicht mit dem Darstellungsmodus einer Bühnensituation, die die Protagonisten in Untersicht zeigt. Die Konzentration liegt oft auf einer Bildfigur, die direkt auf den Betrachter zutritt und dessen Aufmerksamkeit auf sich zieht (John Hassall: »The Mummy«, Kat.-Nr. 52 und »A Night out«, Kat.-Nr. 53).

Der amerikanische Beitrag zur Plakatkunst kann nur mit zwei, doch immerhin charakteristischen Plakaten kurz vorgestellt werden: zum einen durch den aus England gebürtigen, seit 1883 in New York lebenden Louis John Rhead (1857–1926), der sich während wiederholter Aufenthalte in Paris besonders an den Werken Grassets geschult hatte, zum anderen durch William H. Bradley (1868–1962).

Die Rhead bereits von den Zeitgenossen zukommende Popularität fand ihren signifikanten Ausdruck in der 1897 gezeigten Ausstellung seiner Arbeiten im Pariser Salon des Cent, die durch das Plakat »Exposition spéciale de soixante nouvelles affiches inédites de Louis Rhead« (Kat.-Nr. 77) angekündigt wurde. Die in Aufsicht gezeigte Personifikation der Malerei gewinnt trotz des bescheidenen Bildformates und unter Aussparung weiterer Hintergrundgestaltung an monumentaler Wirkung.

Bradley, der sich als einer der gefragtesten Graphiker seines Landes in allen Bereichen des Buch- und Zeitschriftenwesens (als Redakteur, Herausgeber, Typenschneider, Buchdrucker) engagierte, gibt sich durch die ornamental-florale Rahmung seiner Werbung für die Fahrradfirma »Victor Bicycles« (Kat.-Nr. 76) als ein Anhänger der künstlerischen Ideen des Morris-Kreises zu erkennen.[8] Ein sehr hoher Anteil der Produktwerbung war dem populär gewordenen »Veloziped« vorbehalten – es wurde betont, dass trainierte Fahrer eine Höchstgeschwindigkeit von fast 50 kmh erzielen könnten, »also die Geschwindigkeit eines Personenzuges«!

Belgien

Brüssel nahm seit den 1880er Jahren besonders mit der Künstlergruppe »Les XX« (gegr. 1884) entscheidenden Anteil an der Entwicklung des Jugendstils. Die Plakate des führenden belgischen Dekorationskünstlers Privat Livemont (1861–1936) weisen auf die enge Beziehung zwischen der französischen und wallonischen Plakatkunst hin. Gerade Livemont, der seine wichtigste Ausbildungsphase zwischen 1883 und 1889 in Paris verbracht hatte, orientierte sich anfänglich am Mucha-Stil. Seine beiden Arbeiten für die Korsett-Manufaktur PD »Corsets PD« (Kat.-Nr. 42) und »Manufacture royale de Corsets Bruxelles« (Kat.-Nr. 41) und sein ebenfalls 1897 entworfenes Plakat »Van Houten's Cacao. Wohlschmeckend – im Gebrauch billig« (Kat.-Nr. 40) stellt eine Frau mit großer sinnlicher Ausstrahlung ins Zentrum. Der Betrachter wird nicht mit einer an der Wirklichkeit orientierten Verführerin konfrontiert, sondern erst über das eigene psychologische Einfühlungsvermögen in eine artifizielle Traumwelt entführt, die ihn das Alltagsgeschehen vergessen macht. Die elegante Stilisierung, die zarte Farbpalette und die gelungene Korrespondenz von Bild und Schrift zeichnen Livemonts Eigenständigkeit aus.

Im Zusammenhang mit den von Henry van de Velde formulierten Notwendigkeiten für eine Neugestaltung des Kunstgewerbes gehörte auch die Schaffung einer abstrakten Dekorationskunst. Beispielhaft steht dafür das von Georges Lemmen (1865–1916) für die gleichnamige Zeitschrift gestaltete Plakat »Dekorative Kunst« (Kat.-Nr. 39). Die Schrift und das florale Motiv korrespondieren aufs engste miteinander und verweisen nicht allein auf eine bestimmte Aussage, sondern sind selbst deren Ausdrucksträger. Form und Inhalt finden ihre Entsprechung.

(Abb. 5) Londoner Straßenbild um 1900.
Der Autoverkehr nahm dramatisch zu, Pferdebusse konnten immer weniger mit den Motorbussen konkurrieren. In der Anonymität der Massengesellschaft bedurfte es besonders prägnanter Werbung, um im Bewusstsein zu bleiben.

Deutschland

Im Vergleich zur künstlerischen Plakatgestaltung in Frankreich und England hing Deutschland längere Zeit hinter der internationalen Entwicklung hinterher, obwohl Justus Brinckmann als Gründer des Museums für Kunst und Gewerbe in Hamburg bereits 1889 die Voraussetzungen für die bedeutende Hamburger Plakatsammlung gelegt hatte und mit dem Ziel, geschmacksbildend zu wirken, seit 1896 jährlich internationale Plakat-Ausstellungen ausrichtete. Besonders ein Zuviel an Schrift, unzureichende Form- und Farbvereinfachungen, eine Überlagerung mehrerer Motive und ein zu langes Festhalten an historistischen Stilismen kennzeichnen das deutsche Plakat bis weit in die 1890er Jahre. Typisch für den sog. Diplomstil sind Embleme, Renaissanceornamentik, eine Klein- und Vielteiligkeit und allegorische Figuren (Anonym: »Deutsch-Nordische Handels- und Industrieausstellung Lübeck 1895«, Kat.-Nr. 173; Otto Brünner: »Allgemeine Ausstellung für Jagd, Fischerei und Sport. 1889«, Kat.-Nr. 83 oder F. Fenker »Elektrische Ausstellung Karlsruhe 1895«, Kat.-Nr. 101).

Ein Bewusstsein des Publikums, aber auch großer Teile der Künstlerschaft für die Notwendigkeit einer neuen, eigenen Plakatsprache wurde erst ab 1896 durch die Ausschreibung von Plakatwettbewerben und -ausstellungen geschaffen, die von den Kunstgewerbemuseen in Hamburg, Berlin und Dresden initiiert wurden. Daneben spielten die in München angesiedelten Kunstzeitschriften »Jugend« und »Simplicissimus« oder die 1895 in Berlin gegründete Zeitschrift »Pan« eine wichtige Rolle. Beispielhaft für die Bestrebungen ist das kleinformatige, 1895 entworfene Plakat »Pan« (Kat.-Nr. 131) von Joseph Sattler (1867 – 1931). Die Zeitgenossen würdigten es zwar als eines der ersten deutschen Jugendstilplakate, das den Historismus zu überwinden half, doch es wurde auch Kritik laut.

Jean-Louis Sponsel schrieb 1897: »Nicht nur die Farben waren zu stumpf, sondern auch die Symbolik, die darin ausgedrückt sein sollte, war den meisten unverständlich geblieben, jedenfalls aber für ein Plakat nicht sprechend genug. Aus einem dunklen, öden Ackerfelde, auf dem zur Bearbeitung auf der Seite einige Ackergeräte stecken, ist über Nacht eine sonderbare weiße Blume erblüht, deren einzelne Blätter aus Papierbogen mit aufgedruckten Pansköpfen bestehen, und deren verschlungene Staubfäden bei einigem Mühen das Wort Pan und die Zahl 1895 erkennen lassen. Über der Höhe im Grunde blickt im Scheine des Morgenrotes der Kopf eines Pan vergnügt auf das Naturwunder hin. Der Künstler hat zu viel sagen wollen und hat dafür einen treffenden Ausdruck nicht finden können.«[9] Der Acker steht somit für eine neu zu gestaltende Kunst, die mit der Zeitschrift »Pan«, personifiziert durch den antiken Hirtengott, zur Blüte gebracht werden wird.

Auch das von Josef Rudolf Witzel (1867 – vor 1925) 1896 entworfene Plakat für die Zeitschrift »Jugend« (Kat.-Nr. 155) markiert einen programmatischen Auftakt für den Jugendstil in Deutschland. Erst beim zweiten Sehen lösen sich aus der wie ein Ornament gestalteten Fläche die beiden Frauen, deren Haare und Kleider den formal wie farblich belebten Grund für die Schrift legen. Die Buchstaben des Wortes Jugend scheinen sich dreidimensional vom Grund zu lösen und zeigen auf ihrer Oberseite die nur linear erfassten, fragmentarischen Frauengesichter. Die gerade, dazu fast streng erscheinende Letterntype für den erläuternden Text ist dagegen gestalterisch zurückgenommen. Schrift und Bild korrespondieren aufs engste miteinander.

Überraschenderweise ist die österreichische Plakatkunst in der Flensburger Sammlung nur unzureichend bestückt. Nur der Architekt und ehemalige Schüler von Otto Wagner, Joseph Maria Olbrich (1867 – 1908), der bis zu seiner Berufung 1899 nach Darmstadt der Wiener Secession zugehörig war, ist mit seinem berühmten Plakat anlässlich der Ausstellungseröffnung der Darmstädter Künstlerkolonie Mathildenhöhe in der Flensburger Sammlung vertreten. Das Plakat »D 1901« (Kat.-Nr. 126) ist auf der Grundlage eines quadratischen Koordinatensystems streng symmetrisch komponiert und dem sog. geometrischen Stil verpflichtet.[10] Ornament, Pflanzen, Bäume, die Architektur sowie die Schrift ordnen sich diesem System unter. Der schachbrettartig gepflasterte Weg ebnet einzig dem Buchstaben D und der Jahreszahl 1901 den Weg. Dem Betrachter bleibt der Zugang zum Ernst-Ludwig-Haus durch die horizontale Reihung der stilisierten Bäume verschlossen. Zwischen dem Bild- und dem Schriftfeld vermitteln die goldene Farbe und die künstlerisch gestaltete Typographie.

In Darmstadt wirkte auch der aus Flensburg gebürtige Hans Christiansen (1866 – 1945), der im Gegensatz zu

Olbrich eine florale, symbolische oder allegorische Motivik bevorzugte. Christiansen darf als ein Vertreter eines repräsentativen, später als zu überschwänglich empfundenen Jugendstils bezeichnet werden, der an die Entwicklungen der französischen Plakatkunst anknüpfte. Christiansen ist mit zwei Plakaten vertreten, die seine große Entwicklung binnen weniger Jahre verdeutlichen. Vermutlich noch während seiner Tätigkeit als Dekorationsmaler in Hamburg war er 1895 beauftragt worden, das noch recht konservativ gehaltene Plakat anlässlich des Hamburger »Turnhallenbaufestes« (Kat.-Nr. 88) zu gestalten. Nach seinem mehrjährigen Paris-Aufenthalt und seiner Berufung an die Darmstädter Mathildenhöhe fand er zu einem großzügigeren, freieren Gestaltungsmodus. Die fünf ausschnitthaft gezeigten geschlechtsunspezifischen Wesen in »Darmstadt 1901« (Kat.-Nr. 89) personifizieren die fünf Genien, die über den Wolken die Obhut für die von der Künstlerkolonie ausgerichtete Ausstellung innehaben. Durch das grelle Gelb und den rot-orangefarbenen Grund sind sie in eine irreale Zone eingetaucht, zu der dem Betrachter kein Zugang gewährt wird, zumal auch die Blicke der Wesen rätselhaft, fast melancholisch versonnen bleiben. Ihre Fünfzahl könnte – so vermutet Hanna Gagel – eine Anspielung auf die fünf ersten vom Großherzog Ernst Ludwig an die Künstlerkolonie berufenen Künstler, Olbrich, Behrens, Habich, Bürck und Christiansen, sein.[11] Christiansens Plakat spaltete das Publikum: Das ungewöhnliche Thema und die Farbigkeit wurden begeistert aufgenommen, doch die Gestaltung selbst stieß bei dem Kunstkritiker Ernst Polaczek-Straßburg auf Ablehnung: »Plakate haben insgemein den Zweck aufmerksam zu machen, anzulocken. Was jedoch von den Darmstädter Künstlern für ihre Ausstellung, für das »Dokument deutscher Kunst«, wie sie sie seltsam genug nennen, an Plakaten gezeichnet worden ist, dient offenbar anderen Absichten. Sie locken nicht an, sondern sie schrecken ab; sie bereiten nicht auf die Darbietung von Kunstwerken, sondern auf Bizarrerien schlimmster Art vor, und es ist ein Glück, dass dergleichen Erwartungen von der Ausstellung selbst in der Hauptsache enttäuscht werden.«[12]

Johann Vincenz Cissarz (1873 – 1942) kam 1903 nach Darmstadt. Bereits während seines Studiums an der Dresdener Kunstakademie hatte er sich einen Namen als einer der frühesten deutschen Plakatkünstler gemacht (Kat.-Nr. 90 – 95). Im Vergleich zur englischen Plakatkunst setzte er die Farben sehr zurückhaltend ein, er beschränkte sich oftmals auf eine oliv-braune Farbpalette und bevorzugte Allegorien als Träger der Bildaussage. In dem Plakat »Theodor Schnitzler – Kunsthandlung« (Kat.-Nr. 91) nahm Cissarz in seiner Personifikation der Malerei Rückbezug auf zwei Gemälde Amseln Feuerbachs, in Kopfhaltung und Profil auf die »Nanna« (1866) und im Motiv des über das Meer gehenden Blickes auf die »Iphigenie« (1871).[13] In einer zeitgenössischen Ausstellungsbesprechung heißt es: »Die Eigenart Cissarz, von dem eine ganze Reihe vorzüglicher Arbeiten ausgestellt ist, und seine besondere Stärke besteht in der geradezu glänzenden Kraft seiner Farbengebung, die das Anschauen seiner Reklameblätter zu einem künstlerischen Genuß macht. Wir verweisen nur auf das Plakat »Zu neuer Renaissance« [Kat.-Nr. 93], das vor blauer Meerflut den brauen rosengeschmückten Kopf eines Jünglings aus einer Schale schlürfend darstellt. Die blendende Glut der Sonne, die diesen trinkenden Griechen übergießt, mit dem Inhalt des Pokals spielt, [...] ist mit einer realistischen Wärme dargestellt [...].«[14]

Neben Cissarz waren in Dresden Hans Unger (1872 – 1936) und Fernand Schultz-Wettel (1872/6 – 1957) stilbestimmend. Die Zeitgenossen urteilten: »Ganz das Gegenstück zu Cissarz ist seiner farbigen Behandlungsweise nach Hans Unger, dessen Plakate [Kat.-Nr. 145 – 150] zu den allervornehmsten Erscheinungen dieses Gebietes gehören. Ein z.T. beinahe völliges Verzichtleisten auf die Farbe charakterisiert ihn. Und trotzdem: was für tiefgreifende, eindringliche Wirkungen in seinen Arbeiten, die in der strengen Ruhe ihrer Linien, ihrer großzügigen, wuchtigen Anlage, ihrem kraftvollen seelischen Inhalt eine geradezu klassische Signatur tragen und in der großen Gesellschaft der anderen Plakatarbeiten sofort kenntlich werden. Eigentümlich ist diesem Künstler auch der Zug, daß er dort, wo er die Landschaft als Hintergrund verwendet, wie bei der prächtigen »Estey-Orgel« [Kat.-Nr. 145] und dem berühmten »Nikodé-Konzert« [Kat.-Nr. 146], er die Stimmung derselben mit dem Charakter der praktischen Seite seiner Aufgabe in Parallele zu setzen weiß.«[15]

Fernand Schultz-Wettel fand ebenso zu seiner Zeit große Anerkennung: »Seine flüchtige, legere Art der Zeichnung, der flotte, massige Wurf seiner auf große Sehweiten berechneten eleganten Farbentechnik sowie ein gewisser koketter Zug leichtlebiger Genußfreudig-

(Abb. 6) Überall waren Plakate im Straßenbild präsent,

Paris, Rue des Ursin (4. Arr.), 1900

keit kennzeichnen seine Geistesverwandtschaft mit den Franzosen und seine ganz hervorragende Begabung für das Plakatfach.«[16] Die Werbebotschaft seines Plakates »Otto Ring's Syndetikon« (Kat.-Nr. 135) wird überzeugend, ja mit Witz vorgetragen: Vor sich auftürmenden Wolken sitzt ein großer Engel auf einer Brüstung und bedient sich des Klebers Syndetikon, um gebrochene Herzen zu kitten!

Für die deutsche Entwicklung wirkten Plakatentwürfe für Kunstausstellungen wie ein Katalysator. Vor allem Plakate für die Ausstellungen der Secessionsvereinigungen in Berlin, München oder Dresden wiesen neue, sich von der etablierten akademischen Kunst absetzende Richtungen aus, die ohne den Zwang, Wünschen von Auftraggebern Rechnung tragen zu müssen, kompromissloser, manchesmal auch kompromittierender warben. Vergleicht man die Plakate von Wilhelm Schulz, die Ausstellungen der Secessionen ankündigten (»II. Kunstausstellung – Berliner Secession 1900«, Kat.-Nr. 136 oder »Berliner Secession 1902«, Kat.-Nr. 137), mit »Anschlägen« der Schleswig-Holsteinischen Kunstgenossenschaft (W. Burmeister: »Jahresausstellung 1897«, Kat.-Nr. 87; Ernst Eitner: »Ausstellung 1910«, Kat.-Nr. 100), so wird die von Ernst Sauermann durch die Ausstellung von 1904 formulierte Kritik verständlich, die er in einer zeitgenössischen Besprechung vorbrachte: »Der Zweck des Reklamebildes [ist,] die umständliche Einzelbenachrichtigung dadurch zu ersetzen, daß man die für weitere Kreise des Publikums bestimmten Mitteilungen nur in beschränkter Zahl durch Schrift und Druck fixiert und an besonders viel besuchten Orten möglichst weit sichtbar anbringt«. Neben künstlerischer Schönheit müsse es Momente enthalten, die die Aufmerksamkeit des Passanten auf sich ziehen, ihn zum Betrachten verweilen lassen und auf »das betreffende geschäftliche oder künstlerische Unternehmen mit genügendem Nachdruck hinweisen können«.[17]

Innovativ wirkte auch das Plakat »Ausstellung Künstlergruppe Brücke« (Kat.-Nr. 81) von Fritz Bleyl (1880 – 1966), das möglicherweise auch für die im Juni 1907 in Flensburg gezeigte Brücke-Ausstellung hätte Verwendung finden sollen. Nur schemenhaft tritt eine frontal ausgerichtete Frau dem Betrachter entgegen, deren Nacktheit durch keine allegorische Verbrämung legitimiert wird. Ihre helle Körpersilhouette, die ohne jegliche Binnenzeichnung auskommt, hebt sich wie die Umkehrung eines Positiv-Negativ-Druckes vor dem ockerfarbenen Grund ab. Das Plakat sollte zunächst für die erste Ausstellung der Brücke-Künstler Kirchner, Heckel, Schmidt-Rottluff und Bleyl 1906 in einer Dresdener Lampenfabrik werben und war aus einem unter den Mitgliedern veranstalteten Wettbewerb hervorgegangen. Doch das Plakat wurde aus »Sittlichkeitsgründen« von der Polizei verboten. Obwohl so dem Blick der Öffentlichkeit entzogen, sorgte es für Furore.

Als hilfreich für die Reform der Plakatkunst erwiesen sich Wettbewerbe, die von den Kunstdruckanstalten selbst ausgeschrieben wurden. Das als Sieger aus einem 1897 von der Kunstanstalt Grimme & Hempel in Leipzig initiierten Wettbewerb hervorgegangene Plakat »Der Kenner« (Kat.-Nr. 128) fand auch bei Sauermann lobende Erwähnung: »Eine ganz vorzügliche Arbeit und echt plakatmäßig ist »Der Kenner« von Fritz Rehm, ein Reklameblatt für die Zigaretten Laferme-Dresden, das alle Vorzüge eines guten Plakates in sich vereinigt.« Unter Betonung der geometrischen Grundelemente – Gerade, Rechteck, Oval, Kreis – wurde auf alles Beiwerk verzichtet. Die Modernität zeigt sich ebenso in den wenigen kräftigen Grundfarben und der geraden, strengen Letterntype, die ein schnelles Erfassen der Schrift ermöglichen. Einzig die leicht übereck gestellte Zigarettenschachtel, die den Rauch bezeichnenden Linien und der Mann selbst durchbrechen das auf Rechtecke und Quadrate basierende abstrakte Kompositionsschema. Seinen exklusiven Geschmack stellt der Mann auch durch die Wahl des Mobiliars in modernster englischer Fabrikation unter Beweis.[18]

Die zeitgenössische Reklame, die sich in etwa 90% der Fälle der Frau als Werbeträger bedient, scheint nur drei Männertypen gekannt zu haben: den gutmütigen, bodenständigen älteren Mann (Edmund Edel: »Im Sommer 1901 – Berliner Morgenpost«, Kat.-Nr. 98; Anonym: »Bock-Bier«, Kat.-Nr. 174; Anonym: »Gabriel & Jaeger Weissbier-Brauerei«, Kat.-Nr. 183), den gutsituierten Herrn mittleren Alters, der souverän den Frauen »den Weg weist« (Georg Einbeck: »Ateliers für Malerei«, Kat.-Nr. 99) oder den modernen, snobistischen Dandy, zu dessen überfeinertem Lebensstil neben der höchsten Genuss verheißendem Laferme-Zigarette eigentlich nur noch das Produkt »Opal reinigt Herren-Hüte« (Kat.-Nr. 184) fehlt. Bezeichnend ist, dass der Dandy – Individualität, Elitebewusstsein, Strenge und Unterkühltheit verkörpernd – nur in Verbindung mit dem geometrischen Stil auftritt.

Einen hohen Abstraktionsgrad erzielt auch das von dem Dresdener Otto Lange (1879–1944) entworfene Plakat »Optimol« (Kat.-Nr. 112), das nicht nur auf einen Tiefenraum und plastische Durchmodellierung verzichtet, sondern durch eine extreme Vereinfachung und die Konzentration auf zwei kontrastierende Grundfarben ausschließlich Linearität und Flächigkeit betont.

Die neuen gestalterischen Mittel halfen seit 1903/04 das Sachplakat zu entwickeln. Folgt man der von Hanna Gagel vorgeschlagenen Phaseneinteilung in der deutschen Plakatentwicklung – einer ersten Phase von 1896–1900, in der die spezifischen formalen Bedingungen des Plakates entwickelt wurden, und einer zweiten Phase von 1903–1914, in der die gestalterischen Mittel mit ausschließlicher Konzentration auf das Produkt und dem Verzicht auf narrative Aspekte stärker dem Werbezweck unterworfen wurden[19] –, so wählte Ernst Sauermann für seine Ausstellung einen Zeitpunkt, zu dem sich nach Ende des Jugendstils die Entwicklung des Sachplakates erst anbahnte. Dies erklärt das Fehlen der Hauptvertreter dieser Richtung, Hans Rudi Erdt, Ludwig Hohlwein und Lucian Bernhard, im Flensburger Bestand.

Die Reformbestrebungen Sauermanns trugen Früchte: Positiv ist aus schleswig-holsteinischer Sicht beispielsweise die Arbeit »Walter Schön – Grotesk Komiker« (Kat.-Nr. 107) von Johann Holtz (1875–1944) hervorzuheben. Der schwarze Grund steigert die Leuchtkraft der vier betont zueinander kontrastierenden Grundfarben. Die dadurch gewonnene Lebendigkeit korrespondiert vortrefflich mit der vitalen Haltung der Bildfigur, ja es scheint, als würden die Buchstaben wie die Jonglierbälle des Komikers durchs Bild »purzeln«.

Überraschend ist zudem das 1908 entstandene Plakat »Sylter Dünenbahn« (Kat.-Nr. 113) von Käte Lassen (1880–1956). Es verheißt dem Urlauber einerseits über die in Sylter Tracht gekleidete Frau eine Begegnung mit heimat- und naturverbundenen Menschen, die ihn die Hektik der Großstadt vergessen lassen, andererseits braucht er nicht auf die Annehmlichkeiten des Fortschritts zu verzichten, weder auf ein schnelles Fortbewegungsmittel wie die Dünenbahn noch auf Elektrizität, wie die demonstrativ in die obere Bildfeldzone gerückten Strommasten beweisen. Die Bildfigur scheint wie vor einem Fenster in die Landschaft zu blicken, wobei ihr weißer Rock den Grund für den Abfahrtsplan des Zuges legt. Geschickt verstand es Lassen, zwei korrelierende Aufgaben miteinander zu verbinden: ein auf Fernwirkung angelegtes Plakat mit der Funktion eines kleinteiligen, gut lesbaren Abfahrtsplanes zu kombinieren.

Mit Beginn des 1. Weltkrieges 1914 fand die Plakatproduktion ein jähes Ende – hoch im Kurs standen nur mehr Plakate für Kriegsanleihen und ähnliche Zwecke. Zugleich wurde das Sachplakat von einer neuen künstlerischen Richtung, dem Expressionismus, überholt.

---

1 Aus der Fülle der Literatur, die dieser Thematik gewidmet sind, sollen für eine weitergehende Beschäftigung empfohlen werden: Hanna Gagel: Studien zur Motivgeschichte des deutschen Plakats 1900–1914, Berlin 1971; M. Gallo: Geschichte der Plakate, Herrsching 1975; L. Möller / H. Spielmann / S. Waetzoldt (Hg.): Das frühe Plakat in Europa und den USA. Ein Bestandskatalog, 3 Bde., Berlin 1973–1980; Martin Henatsch: Die Entstehung des Plakates. Eine rezeptionsästhetische Untersuchung, Hildesheim / Zürich / New York 1994; Plakatkunst. Von Toulouse-Lautrec bis Benetton, hrsg. vom Museum für Kunst und Gewerbe Hamburg, bearb. von Jürgen Döring, Heidelberg 1994; Galerie der Straße. Höhepunkte der Plakatkunst von ihren Anfängen bis heute. Aus der Plakatsammlung des Hess. Landesmuseums Darmstadt, bearb. von Martina Harms-Lückerath, Heidelberg 1998; s. a. Literaturverzeichnis

2 Vgl. Henatsch 1994, S. 18

3 Kat. der Ausstellung deutscher Plakate im Städtischen Suermondt-Museum Aachen, bearb. von M. Schmid, Aachen 1897, S. 14

4 R. Hösel: Das künstlerische Plakat, in: Moderne Reklame 9, 1902/03, S. 81ff., zitiert nach Henatsch 1994, S. 41f.

5 Vgl. B.: Die Kunst auf dem Papier. Plakat- und Buchdruckausstellung im Gewerbe-Museum. III., in: Flensburger Nachrichten Nr. 66, 18. 3. 1904, S. 1

6 Vgl. Henatsch 1994, S. 46, Anm. 23, Abb. 79.

7 Flensburger Nachrichten Nr. 66, 18. 3. 1904, S. 1

8 Vgl. Henatsch 1994, S. 52

9 Jean-Louis Sponsel: Das moderne Plakat, Dresden 1897, S. 277f.

10 Vgl. Gagel 1971, S. 142f.

11 Gagel 1971, S. 199

12 Ernst Polaczek-Straßburg: Die Ausstellung der Darmstädter Künstler-Kolonie, in: Kunstchronik N. F., 12. Jg., 1900/1901, Nr. 30, S. 465

13 Gagel 1971, S. 175

14 Flensburger Nachrichten Nr. 58, 9. 3. 1904, S. 1

15 Flensburger Nachrichten Nr. 58, 9. 3. 1904, S. 1

16 Flensburger Nachrichten Nr. 58, 9. 3. 1904, S. 1

17 B.: Die Kunst auf dem Papier. I., in: Flensburger Nachrichten Nr. 52, 2. 3. 1904, S. 1

18 Vgl. Gagel 1971, S. 28f.

19 Gagel 1971, S. 4

Farbtafeln

HLautrec
Reine de Joie
par
Victor Joze
chez tous les libraires
Imp. Edw. ANCOURT & Cie PARIS

21 – Tafel 2

Georges Meunier – *Bullier* – 1894

Jules Chéret – *Champs-Elysées / Palais de Glace* – 1896

Jean-Louis-Fernand Fau – *Tabarin* – *vor 1895*

Georges Fay – *Le »Quartier«* – 1897

Étienne-Maurice-Firmin Bouisset – *Salon des Cent* – *1899*

SAINTE-MARIE-DES-FLEURS
ROMAN-PAR-RENÉ-BOYLESVE
PAUL BERTHON
OLLENDORF-EDITR 28 BIS RUE-RICHELIEU-PARIS
- ATELIER PAUL BERTHON · 22 RUE DENFERT-ROCHEREAU
Imp. BOURGERIE & Cie 83, Faubg St Denis. PARIS
2834/1900

Eugène-Samuel Grasset – *Jeanne D'Arc / Sarah Bernhardt* – 1889/90

L'AFFICHE
FRANÇAISE
GRASSET
CHERET
WILLETTE
FORAIN
STEINLEN
IBELS
LAUTREC
ROEDEL
Henry Thiriet
Imp. BOURGERIE & Cie _ 83, Faubg St Denis, Paris.
Direction: 14, Rue des Prêtres St Sévérin.

Alfons Maria Mucha – *Oesterreich auf der Weltausstellung Paris 1900* – 1900

Alfons Maria Mucha – *Job* – 1897

Misti – *A Pygmalion* – 1900

CASINOS DE TROUVILLE S/MER
TROUVILLE S/MER
PARIS-TROUVILLE
TRAJET EN 3.H 1/2
LITH. E.CHAMBRELENT 27, Rue des RECOLLETS, PARIS.
RESTAURANT, CAFÉ-GLACIER & BAR TENUS PAR M.M. CORNUCHÉ & CHAUVEAU
PROPRIÉTAIRES DU RESTAURANT
MAXIM'S AMERICAN BAR, 3, rue Royale PARIS

Louis-Auguste Girardot – *L'Andalousie au Temps des Maures* – 1900

L'ANDALOUSIE
Au Temps des MAURES
EXPOSITION DE 1900
IMP^ies LEMERCIER, PARIS.
ADMINISTRATION 74 B^d HAUSSMANN, PARIS.

Anonym – *Moscou au Musée Grévin* – 1900

Alexandre Lunois – *L'Andalousie au temps des Maures* – 1899

E. Charle Lucas – *Roman inédit par Léon Daudet* – um 1900

Maurice Neumont – *Guiet* – 1899

Pal – *Whitworth Cycles* – um 1900

Wehly – *Cycle Arago* – um 1900

Geo Blott – *Elixier Gaulois* – 1899

Anonym – *La Cheminée Choubersky* – um 1900

Dudley Hardy – *Oh! Susannah! – vor 1898*

DUDLEY-HARDY'S
COMIC GUIDE
TO THE
1D.
JUBILEE.
M. ELTON & Co.
PUBLISHERS
27 BOUVERIE ST.
·WATERLOW & SONS·LTD·LITH·LONDON WALL·LONDON·

Dudley Hardy – *The Grand Duke* – um 1900

Dudley Hardy – *The »Alert« Cycle* – um 1900

John Hassall – *The Mummy* – um 1900

Dick Whittington
LONDON
4
MILES
DAVID ALLEN & SONS
LONDON
BELFAST · MANCHESTER
NEW YORK · Copyright

Anonym – *Cinderella* – um 1900

THE DAUGHTERS OF BABYLON
BY WILSON BARRETT.
From the LYRIC THEATRE
·LONDON·

Anonym – *Wien 1898 / Jubiläumsausstellung* – 1898

P. A. de Lazlo – *Wiener Musikfestwoche* – 1912

Anonym – [übersetzt:] *Der beste, reine Kakao* – *um 1900*

Anonym – [übersetzt:] *Ewinol-Creme* – um 1900

Anonym – *Compren V.ds. solamente mantequilla danesa* – um 1900

HUSMODERNS ALMANACKA
Matsedlar för hvarje dag af året med beskrifning öfver rätternas tillagning.
Rätterna valda med hänsyn till det dagliga behofvet af näringsämnena: fett äggphvita och kolhydrat.
Kostnaden för hushållet beräknad efter en årsinkomst af 6.000 eller 3.000 kr.
Detaljerade pris för hvarje rätt
Genom att tillämpa de föreslagna matsedlarna befordras: SPARSAMHET OCH HÄLSOVÅRD
Pris endast 3 kr. 50 öre
KONSTNÄRLIGA AFFISCHER
GEN. STAB. LIT. ANST.
№ 11.
95.
Finnes att tillgå i hvarje bokhandel.

Will Bradley – *Victor Bicycles* – 1895

Louis Rhead – *Lovis Rhead. Salon des Cent* – 1897

Hans Christiansen – *Darmstadt 1901* – 1901

Fritz Bleyl – *Ausstellung Künstlergruppe Brücke* – 1906

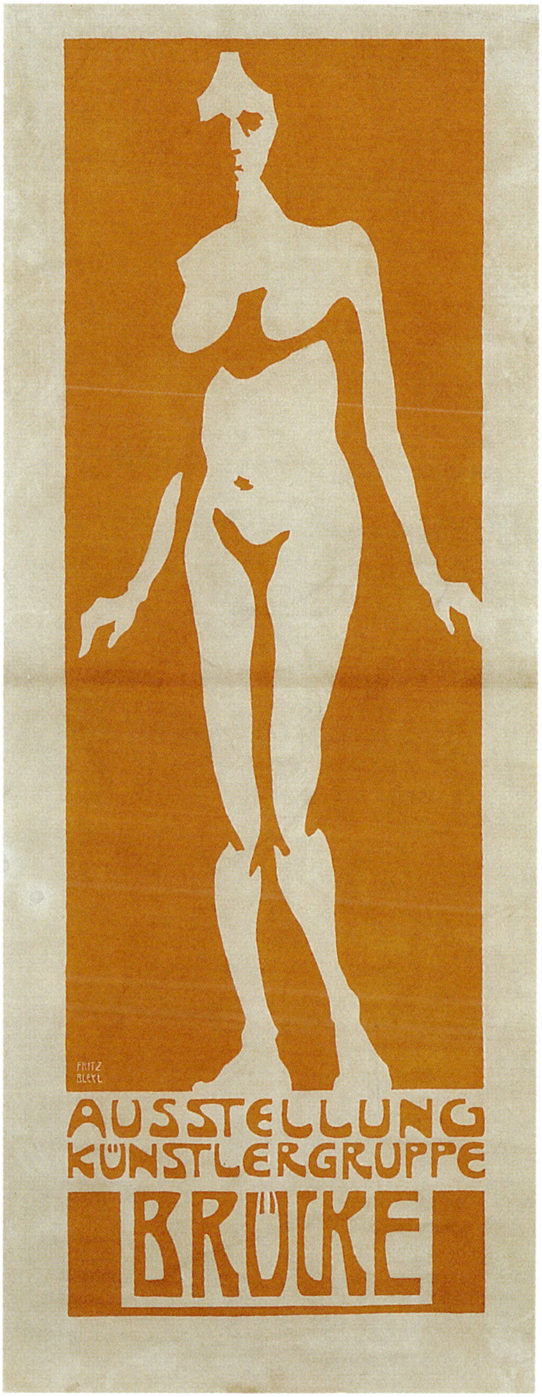

Momme Nissen – *Schleswig'sche Kunstausstellung* – 1901

D
1901
OLBRICH
UNTER · DEM · ALLERHÖCHSTEN · PROTECTORATE
SR · KÖNIGL · HOHEIT · DES · GROSSHERZOGS · VON · HESSEN
EIN · DOKUMENT · DEUTSCHER · KUNST —
DARMSTADT
MAI – OCTOBER 1901
DIE · AUSSTELLUNG · DER
KÜNSTLER – KOLONIE
HOFDRUCKEREI · H · HOHMANN · DARMSTADT ·

Johann Holtz – *Schleswig-Holsteinische Kunstgenossenschaft* – 1913

DRITTE DEUTSCHE
KUNST-GEWERBE-
AUSSTELLUNG
DRESDEN
MAI-OKT.
1906
G
KUNSTANSTALT-WILHELM-HOFFMANN-, A-G. DRESDEN.

Wilhelm Burmeister – *Jahresausstellung der Schlesw.-Holsteinischen Kunstgenossenschaft* – 1897

Alexander Eckener – *Kunstausstellung Itzehoe 1900* – 1900

Ernst Eitner – *Schleswig-Holsteinische Kunstgenossenschaft Ausstellung 1910* – 1910

Anonym – *Deutsch-Nordische Handels- und Industrie-Ausstellung Lübeck 1895 – 1895*

EXPOSICION DE KIEL 1896
Puente alto de Levensau
Fanal de Buelk
El Canal Grande
La rada
El Mar Báltico
Baños de mar de Laboe
Baños de mar de Moeltenort
Baños de mar de Heikendorf
Mayo 13.-Septiembre 30.
EXPOSICION INTERNATIONAL MARITIMA.
LITH. ANST. V. L. HANDORFF KIEL.
Paul Conström's Verlagsanstalt
und Druckerei, Hamburg.

Josef Rudolf Witzel – *Jugend* – *1896*

Martin Wiegand – *Düsseldorf 1902* – 1902

Fernand Schultz-Wettel – *Otto Ring's Syndetikon* – 1899

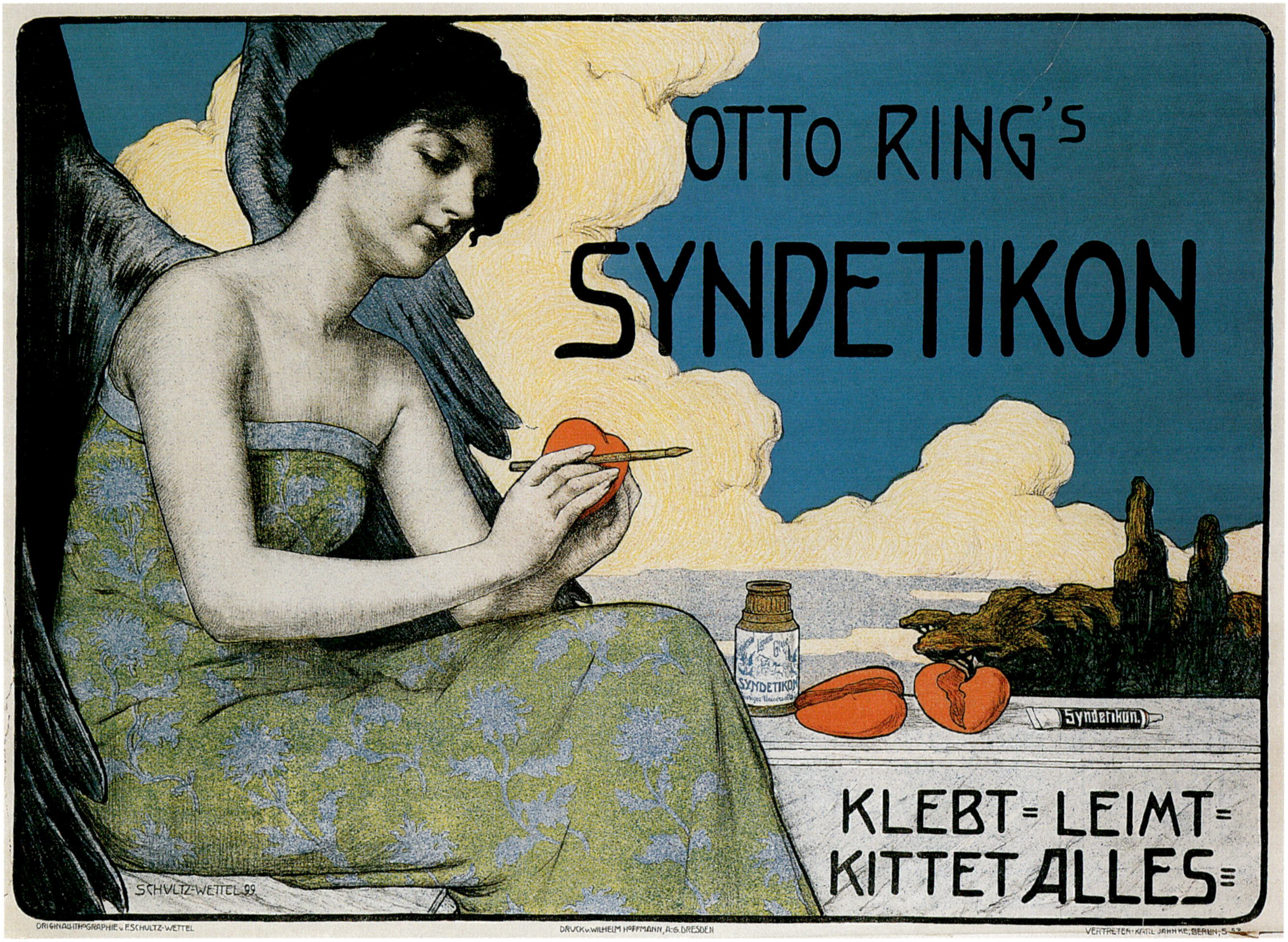

II. KUNST-
AUSSTELLUNG
MAI - OCTOBER 1900.
BERLINER
SECESSION
KANTSTR. 12.
NEBEN DEM THEATER DES WESTENS
GEÖFFNET TÄGLICH v. 9 - 7 UHR
EINTRITTSPREIS 1 MK.
· KUNSTANST · HOLLERBAUM & SCHMIDT · BERLIN · N · 65 ·
Schulz

Hans Unger – *Central-Theater Dresden* – um 1900

PROMÉTHÉE
RÉCHAUD À GAZ

CB – *Iris Parfum* – 1899

Henry Niestlé – *Sect Söhnlein* – um 1901

Ida Carola Stroever – *F. L. Neumann Hamburg* – *vor 1898*

M.F. RACHALS & Co Hamburg.
Pianofortes.
Rachals
J. C. König & Ebhardt, Hannover.

Johann Holtz – *Walter Schön Grotesk Komiker – nach 1900*

CENTRAL-THEATER
Faschings-Redoute
Jos. Goller
FREITAG DEN 7. FEBRUAR 1902, ABENDS 8 UHR.

Anonym – *Nordlicht / Tafelaquavit* – um 1900

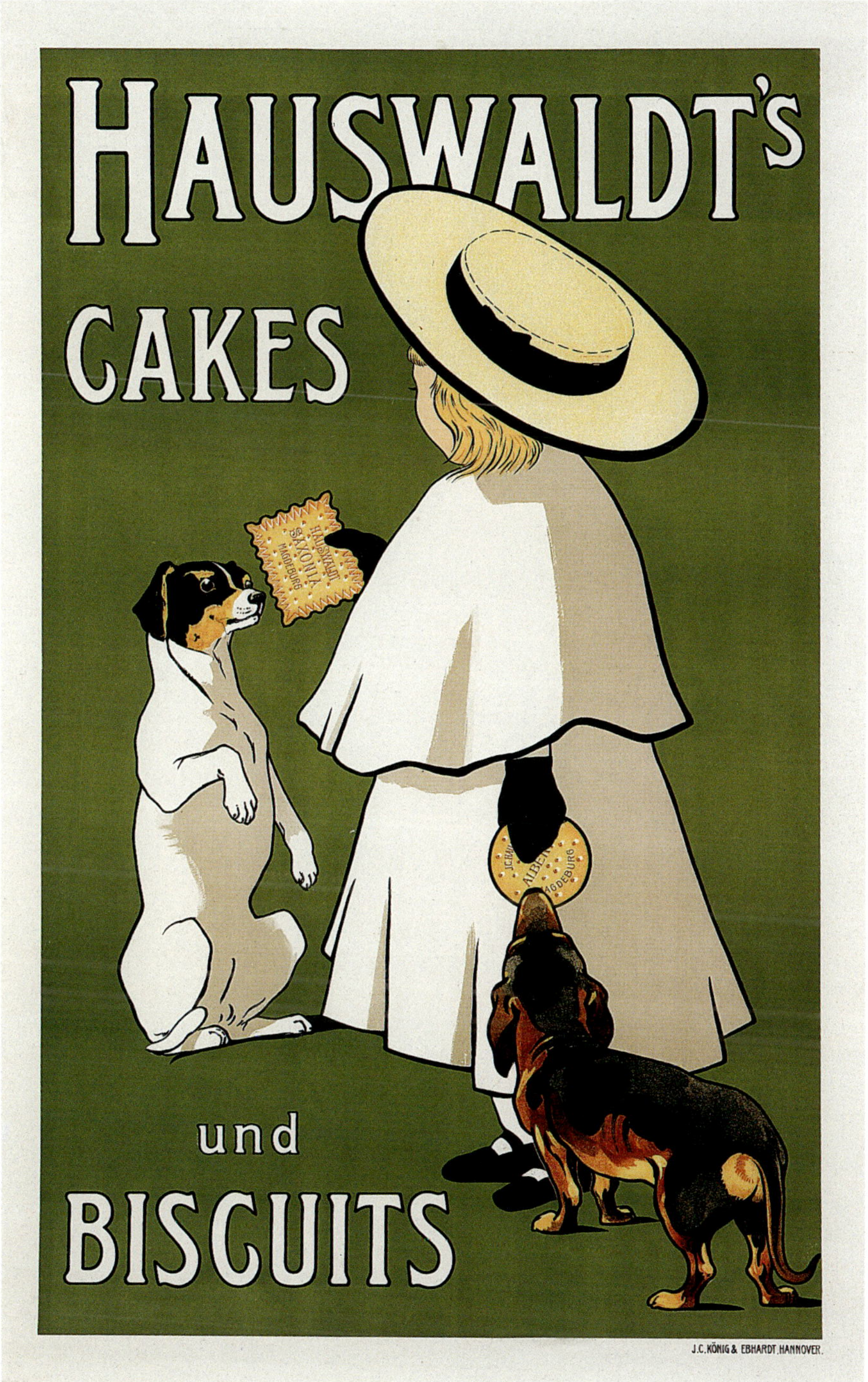
HAUSWALDT'S
CAKES
und
BISCUITS
J.C.KÖNIG & EBHARDT, HANNOVER.

Anonym – *»Opal« reinigt Herren-Hüte* – um 1900

Otto Lange – *Optimol* – *vor 1904*

Käte Lassen – *Sylter Dünenbahn* – 1908

Die Ostseebäder
von
Flensburg
bis Alsen
Hôtel „Seegarten" Bad Wassersleben, Bes. J. Munck
Dampfschiffspavillon, Flensburg
Blick v. Hohenau
Bad Hohenau.
Blick a. d. Ochsen-Jnseln von Süderhaff aus
Strandhôtel u. Logirhaus Ostseebad Glücksburg S. SATZ.
Hôtel „Bad Collund" Bes. C. Wegner
Einfahrt i. d. Alsensund bei Sonderburg.
Düppel Denkmal.
Schloss Glücksburg.
Gravenstein, Kurhaus.
Schloss Augustenburg.

Felix Schwormstädt – *Sylt* – *1902*

Nordseebad Amrum
Kurhaus „Zur Satteldüne"
Strand Halle.
Kurhaus und Satteldüne.
Ausführliche Beschreibungen
umsonst und frei
durch die Verwaltung des Kurhauses zur Satteldüne
auf AMRUM.
MÜHLMEISTER & JOHLER, HAMBURG - BREMEN

Anonym – *Brothers Godart* – um 1900

Anonym – *Freire Troupe* – um 1900

Leonce.
Leonce.
Star Printing Office (Alex Hoenig) B.S. 14.
Leonce

Anonym – *Ms. Cabaret* – um 1900

Bestandskatalog

Hinweise zur Benutzung des Katalogs

Gliederung

Die Plakate im Katalog wurden nach folgenden Gesichtspunkten gegliedert:

- Signierte und zugeschriebene Plakate nach Ländern und in alphabetischer Namensfolge der Künstler
- Anonyme Plakate mit Druckvermerk nach Ländern und in alphabetischer Namensfolge der Plakatdruckereien
- Anonyme Plakate ohne Druckvermerk nach Ländern und in alphabetischer Titelfolge
- Zirkus- und Varietéplakate länderübergreifend und in alphabetischer Namensfolge der Druckanstalten

Katalogangaben

Die Nummerierung der Plakate im Katalog ist fortlaufend.

Der Wortlaut der Plakattexte ist in Großschreibung wiedergegeben, der Druckvermerk entspricht der Groß- und Kleinschreibung und den Abkürzungen der Vorlage. Nur in Ausnahmefällen vorgenommene Textkürzungen sind durch drei Punkte gekennzeichnet. Ein Schrägstrich (/) bezeichnet einen Zeilenumbruch. Ergänzungen stehen in eckigen Klammern. Der Zweck des Plakates wurde nur dann genannt, wenn er aus dem Text nicht ersichtlich ist.

Die Maße der Plakate (Blattgröße) sind in Zentimetern, Höhe vor Breite, angegeben.

Die Datierung folgt dem Entstehungsjahr im Plakattext, im Druckvermerk oder der Signatur. Unterscheiden sich Entwurfs- und Ausführungsjahr, ist das Datum des Entwurfs maßgebend. Ist das Entstehungsjahr aus der Literatur nicht bekannt, wird die früheste nachweisbare Publikation des Plakates als Erscheinungsjahr angegeben.

Aus den Literaturangaben der Katalogtexte, die sich bewusst auf Hinweise auf die Kataloge von Sauermann, Redlefsen und DfP beschränken, wird ersichtlich, welche Plakate zum Flensburger Altbestand von 1904 gehörten. Liegt kein Hinweis auf einen Eintrag im DfP vor, ist das Plakat bislang nur in Flensburg nachgewiesen.

Zur abgekürzt zitierten Literatur siehe das Literaturverzeichnis.

Verzeichnis der Abkürzungen

Ausst.	Ausstellung
Ausst. Kat.	Ausstellungskatalog
Bd.	Band
bez.	bezeichnet
DfP	Das frühe Plakat in Europa und den USA Bd. I, II und III (s. Literaturverzeichnis)
f.	folgende
Hd	Hochdruck von einer Metallplatte (u. a. Autotypie)
Inv.-Nr.	Inventar-Nummer
Jg.	Jahrgang
KA	Kunstakademie
KGS	Kunstgewerbeschule
l.	links
L	Lithographie, Photolithographie
M.	Mitte
o.	oben
o. J.	ohne Jahr
PH	Phototypie
r.	rechts
TB	Thieme / Becker (s. Literaturverzeichnis)
u.	unten
Verl.	Verlag
Z	Zinkätzung

1 2 3 4

FRANKREICH

Einzelne Künstler

Berthon, Paul

14.3.1872 *Villefranche (Rhône)* – 1909 *Paris*
Maler, Lithograph und Plakatzeichner. Schüler von Grasset, dessen Einfluss vor allem in seinen Plakaten erkennbar bleibt, und von Luc-Olivier Merson. Stellte 1895 im Salon (Société Nationale des Beaux-Arts) ein kleines Fresko aus und trat im selben Jahr erstmals als Plakatzeichner hervor. Später gehörte er zum künstlerischen Stab der Eisenbahngesellschaft Chemins de fer de l'Ouest, für die er mehrere Plakate entwarf.

DfP II, S. 347 – Victor Arwas: Berthon & Grasset, London 1978 – M. Osterwalder: Dictionnaire des illustrateurs. 1800–1914, Paris 1983 – S. Jervis: Penguin Dictionary of Design and Designers, London 1984 – Saur Bd. 10, S. 127f. – Athena S. E. Leoussi: Berthon, Paul, in: The Dictionary of Art, ed. by Jane Turner, London 1996, Bd. 3, S. 854

1

ALMANACH / D'ALSACE ET DE LORRAINE / EN VENTE PARTOUT. PRIX 0.50 / STRAUSS EDITEUR, R. DU CROISSANT, 5
Für den »Almanach d'Alsace et de Lorraine«
L 63,5 x 45
AFFICHES ARTISTIQUES DE LA PLUME, RUE BONAPARTE, 31, PARIS – IMP. CHAIX – 96 / ENCRES LORILLEUX [und Druckerzeichen:] CHAIX / CHERET
l.u. Paul Berthon
1896
Inv.-Nr. 22238
Sauermann 242 – Redlefsen 5 – DfP II 62

2

PARIS, 18 RUE DE L'ODÉON, PARIS / L'ERMITAGE / REVUE ILLUSTRÉE – UN AN 8 FR – R. DE L'ODÉON 18
Für die Zeitschrift »L'Ermitage«, Paris
L 62 x 44
IMP. G. ENARD & Cie ETAMPES
l.u. Paul Berthon
1897
Inv.-Nr. 22234
Sauermann 244 – Redlefsen 4 – DfP II 64

3 – Tafel 7

SAINTE-MARIE-DES-FLEURS / ROMAN PAR RENÉ BOYLESVE / OLLENDORF EDITr 28 bis RUE RICHELIEU PARIS [am Plakatrand:] IL A ÉTÉ TIRÉ DE CETTE AFFICHE = 15 EPREUVES AVANT LETTRE SUR JAPON IMPERIAL A 10F / 50 ... SUR VELIN ... A 5F / NUMEROTÉES & SIGNÉES
Für den Roman »Sainte-Marie-des-Fleurs« von René Boylesue, Verlag Ollendorf, Paris
L 61 x 41,5
IMP. BOURGERIE & CIE. 83, Faubg. St. Denis. PARIS.
l.u. Paul Berthon; r.u. Atelier Paul Berthon 22 Rue Denfert-Rochereau
um 1897
Inv.-Nr. 22233
Sauermann 243 – Redlefsen 3 – DfP II 65

Blott, Geo

Lebensdaten unbekannt
Frz. (?) Graphiker, um 1900 tätig.
Saur Bd. 11, S. 608

4 – Tafel 22

ELIXIER GAULOIS / LIQUEUR AGRÉABLE & DIGESTIVE / FILLION LYON / HORS CONCOURS / PARIS LYON / AGENT. MR. SOLÈRES. 11 RUE MONGE. PARIS
L 149 x 110
AFFICHES ILLUSTRÉES P. VERCASSON
l.u. Geo Blott 99
1899
Inv.-Nr. 22251
Redlefsen 111

5

6

7

Bouisset, Étienne-Maurice-Firmin
2.9.1859 Moissac – 19.3.1925 Paris
Maler, Radierer Lithograph, Buchillustrator und Plakatzeichner. Schüler von Cabanel an der École des Beaux-Arts, Paris. Seit 1880 im Salon vertreten mit Porträts, vor allem mit Kinderszenen. Umfangreiches graphisches Oeuvre.
DfP II, S. 348 – Saur Bd. 13, S. 325

5 – Tafel 6
SALON DES CENT / 31, RUE BONAPARTE / (HALL DE LA REVUE LA PLUME) / MARS-AVRIL 1899 / EXPOSITION D'ENSEMBLE / ENTRÉE LIBRE
Für eine Gemeinschaftsausstellung im Salon des Cent. Paris 1899
L 65 x 50
PUBLICATION ARTISTIQUE DE LA PLUME IMPR. CHAIX, RUE BERGÈRE 20 PARIS
r.u. Firmin Bouisset
1899
Inv.-Nr. 22239
Sauermann 264 – Redlefsen 7 – DfP II 89

Chéret, Jules
31.5.1836 Paris – 23.9.1932 Nizza
Maler, Lithograph, Plakatkünstler. Lithographenlehre, anschließend für verschiedene Pariser Firmen tätig, entwarf Buchumschläge und Vignetten. In Abendkursen nahm er Zeichenunterricht an der École Nationale de Dessin bei Lecoq de Boisbaudran. 1858 erhielt er den ersten großen Auftrag für ein Plakat zu Offenbachs »Orpheus in der Unterwelt«. 1859 – 1866 Aufenthalt in London, wo er sich in der Technik der Farblithographie vervollkommnete und einige Plakate zeichnete. Etiketten und Kartonagen entwarf er für den Parfümfabrikanten Rimmel, der ihm 1866 in Paris eine eigene Druckerei einrichtete, wo die ersten polychromen Plakate Frankreichs entstanden. Aufgrund der vielen Aufträge arbeitete er 1877 – 1879 mit einem Kompagnon. 1881 verkaufte er die Druckerei an die Firma Chaix, blieb aber künstlerischer Leiter. Seit den 1880er Jahren betätigte sich Chéret auch als Entwerfer von Tapisserien und schuf Wandmalereien in einer Art Neurokoko (Landhaus Baron Vita u.a.). Nach 1895 widmete er sich stärker der Malerei. Er hat die drucktechnischen Voraussetzungen für das Bildplakat geschaffen und einen Stil entwickelt, der bahnbrechend für das Reklamewesen wurde.

Jules Chéret. Catalogue de ses œuvres ..., Vorwort A. Alexandre, Paris o. J. – Kat. Exposition de Jules Chéret, Paris 1889 – DfP II, S. 351 – Saur Bd. 18, S. 440ff. – B. R. Collins: Jules Chéret and the 19th Century French Poster, Diss. Yale University 1980 – Jules Chéret. La naissance de l'affiche moderne (1869 – 1889), Chaumont 1994

6 – Tafel 3
CHAMPS-ELYSÉES / PALAIS DE GLACE
Für die Eisbahn »Palais de Glace«, Paris
L 122 x 87
IMPRIMERIE CHAIX (Ateliers Chéret) Rue Bergère, 20, Paris 678 96- (ENCRES LORILLEUX)
M.r. J Chéret 96
1896
Inv.-Nr. 22413
Sauermann 223 – DfP II 256

Dillon, Henri Patrice
1851 San Francisco – 1909 Paris
Lithograph und Maler. Sohn französischer Eltern. Zuerst Attaché beim franz. Konsulat in New York, danach Studium bei Pils, Lehman und Carolus Duran in Paris. Seit 1882 fast nur noch als Lithograph tätig. Einer der Hauptförderer der Originallithographie in Frankreich, Vizepräsident der Société des Peintres Lithographes. Begründete zusammen mit Fantin-Latour, Carrière, Steinlen, Willette u.a. das »Album des Peintres-Lithographes«. Pariser Straßen- und Theaterszenen sind sein bevorzugtes Thema.
DfP II, S. 354

7
ELDORADO / TOUS LES SOIRS / LUI! / DRAME EN UN ACTE / PAR / OSCAR METÉNIER
L 82,5 x 61
IMP. D'ART E. MALFEYT & CIE PARIS
[Druckerzeichen]
u.r. DILLON
Inv.-Nr. 22226
Sauermann 213 – Redlefsen 31

Fau, Jean-Louis-Fernand
1858 Poitiers – 1917/19 Paris
Zeichner und Illustrator. Signierte anfänglich mit Poitevin. Zahlreiche Buchillustrationen u.a. für »Les Contes à Ninon« von Zola 1885, für »Les Robinsons lunaires« von G. le Faure 1892 und »La Guerre sous l'eau« von ihm selbst 1898, auch mit anderen Künstlern gemeinsam wie mit Claudet, Detaille, Gorguet u.a., später mit Auriol, Somm und Steinlen. Mitarbeiter

8

9

10

11

bei »Le Chat Noir«, »Le Rire« und anderen Zeitschriften. Schattenspiele für das Theater Chat Noir. Für »Le Rire« schuf Fau außer Illustrationen auch Plakate.
DfP II, S. 357

8 – Tafel 4
TABARIN / 58 RUE PIGALLE
Für das literarische Kabarett Tréteau de Tabarin, Paris
Z (aquarelliert) 64 x 50,5
AFFICHES ARTISTIQUE DE LA PLUME 31, RUE BONAPARTE DUCOURTIOUX & HUILLARD. SC.
r.u. FF
vor 1895
Inv.-Nr. 22240
Sauermann 262 – Redlefsen 33 – DfP II 529

Fay, Georges
1916 im Krieg gefallen
Maler und Illustrator.
DfP II, S. 357

9 – Tafel 5
LE »QUARTIER« / CABARET – SALON / ARTISTIQUE ET / LITTÉRAIRE / G. CHAUMONT DIRECTEUR / 20 RUE CUJAS [unter dem Signet mit Wappen:] VIRUS ACOVIRIT EUNDO
Für das literarische Kabarett Le Quartier, Paris
L 117 x 78,5
IMP. P. VERCASSON & CIE. Rue de Lancry 43 PARIS [und gesiegelter Brief als Druckerzeichen mit dem Zusatz:] AFFICHES ARTISTIQUES
M.u. Georges Fay 97
1897
Inv.-Nr. 22225
Sauermann 212 – Redlefsen 34 – DfP II 337

Gelhay, Édouard
13.6.1856 Braisne – vor 1920
Portrait- und Pastellmaler.
Bio-bib. Index Bd. 4, S. 104

10
AU CHAMP DE MARS / LE »CLOU« DE L'[exposition de 1900 / Tour du Monde panorama] ACTEURS, ACROBATES, ARTISANS / CHARMEURS, DANSEUSES, & A. / THÉÂTRE, CUISINE EXOTIQUES & A. / ADMINISTRATION / 49, RUE DE LA VICTOIRE, PARIS.
Plakat zur Pariser Weltausstellung 1900
L 198 x 70 [in zwei Teilen, rechter Teil fehlt]
AFFICHES H. GAILLARD AMIENS
M.l. Ed. Gelhay
1900
Inv.-Nr. 22241
Redlefsen 37

Girardot, Louis-Auguste
1858 Loulans-les-Forges (H. Saône) – 1933 Paris
Maler und Lithograph. Schüler von Gérôme und Paul Dubois, Paris. Stellte 1881–1889 im Salon der Société des Artistes français, ab 1890 fast alljährlich im Salon der Société Nationale des Beaux-Arts aus. Wurde vor allem bekannt durch orientalische Darstellungen. Mitbegründer der Société des Peintres Orientalistes, für deren Ausstellung in der Galerie Durand-Ruel 1899 er ein Plakat entwarf, das jedoch nicht gedruckt, sondern als Original – auf Leinwand gemalt – am Eingang der Galerie ausgehängt wurde.
DfP II, S. 360

11 – Tafel 14
EXPOSITION / DE / 1900 / L'ANDALOUSIE / AU TEMPS DES MAURES / ADMINISTRATION 74 BD. HAUSSMANN. PARIS
Plakat zur Pariser Weltausstellung 1900
L 258 x 94
IMP. LEMERCIER. PARIS
u.l. L-A-Giradot
1900
Inv.-Nr. 22242
Sauermann 206 – Redlefsen 38

Grasset, Eugène-Samuel
25.5.1845 Lausanne – 23.10.1917 Sceaux
Maler, Graphiker, Kunstgewerbler, Architekt und Kunsttheoretiker. Sohn eines Schweizer Ebenisten. Nach dem Studium der Architektur am Polytechnikum in Zürich Mitarbeiter eines Architekten in Lausanne. 1866 Studienreise nach Ägypten. 1871 Übersiedlung nach Paris. In Paris entwarf er anfangs hauptsächlich Stoff- und Tapetenmuster. 1877/78 erste chromotypographische Versuche. 1881/83 folgte die in gleicher Weise illustrierte Ausgabe der »Histoire des quatre fils Aymon«, die seinen Ruhm begründete. In allen Bereichen der angewandten Kunst strebte er nach einer grundsätzlichen Erneuerung

12

13

14

15

Eine große Rolle spielen in seinem Schaffen die gebrauchsgraphischen Arbeiten, vor allem Plakate, dekorative Panneaux, Kalender, aber auch Spielkarten und Entwürfe für Briefmarken. Besondere Verdienste erwarb er sich um Buchkunst und Typographie. Seit der Jahrhundertwende widmete er sich in zunehmendem Maße der Lehrtätigkeit und der Abfassung didaktischer Schriften. An der École normale d'enseignement du dessin (École Guérin) in Paris gab er Unterricht im dekorativen Zeichnen. 1898/99 erschien sein Werk »La Plante et ses applications ornementales«, 1905 folgte »La Méthode de composition ornementale«. Ausstellungen seiner Werke wurden 1894 von der Gesellschaft »La Plume« im Salon des Cent und 1906 im Salon des Artistes Décorateurs veranstaltet. Grasset gehört zu den Hauptvertretern der frühen Phase des Art Nouveau und strebte durch seine auf alle Kunstbereiche übertragenen ästhetischen Maximen eine Demokratisierung der Kunst an.
DfP II, S. 361 – Victor Arwas: Berthon & Grasset, London 1978

12 – Tafel 8
JEANNE DARC / SARAH BERNHARDT
[auf der Standarte:] JHESUS MAR
Für die Schauspielerin Sarah Bernhardt in der Aufführung des Dramas »Jeanne d'Arc« von Jules Barbier im Théâtre de la Porte-St.-Martin, Paris. Diese erste Fassung wurde von Sarah Bernhardt abgelehnt. Auf ihren Wunsch »verjüngte« Grasset die Bildfigur in einer zweiten Fassung.
Z 119 x 74,5
IMP. DRAEGER & LESIEUR. – PARIS /NOUVLES. AFFICHES ARTISTIQUES. – G. DE MALHERBE & H. A. CELLOT RUE N. – D. DES CHAMPS, 54 / VERDOUX, DECOURTIOUX & HUILLARD SC.
l.u. E Grasset
1889/90
Inv.-Nr. 22229
Sauermann 234 – Redlefsen 40 – DfP II 399

Gray, Henri
(Pseudonym von Henri Boulanger)
28.10.1858 *Paris* – 1924
Karikaturist, Illustrator, Entwerfer von Kostümen und graphischen Gelegenheitsarbeiten. Signierte anfänglich mit Grivois und zeichnete in der Art Alfred Grevins für die Journale »Boulevardier«, »Boudoir« und »Mascarade«. Später schuf Gray regelmäßig die erste Seite der »Chronique Parisienne«. Mitarbeiter bei »Paris s'amuse« (1882–1883), »Paris Noël« (1888–1894), »Paris illustré« und anderen Zeitschriften. Zahlreiche Gelegenheitsarbeiten wie Menü- und Einladungskarten. Gray war der bevorzugte Kostümzeichner der Folies-Bergère.
DfP II, S. 361

13
PÉTROLE / STELLA / LIVRAISONS / EN BIDONS PLOMBÉS DE 5 & 2 LITRES
Für Petroleum der Marke »Stella«
L 130,5 x 100,5
IMP. COURMONT FRÈRES, 10, Rue Bréguet, PARIS. AFFICHES ILLUSTRÉES COURMONT-FRÈRES 10, Rue Bréguet. PARIS [im Druckerzeichen]
r.u. H. GRAY
1897
Inv.-Nr. 22223
Sauermann 210 – Redlefsen 41 – DfP II 421

Guillonet, Octave Denis Victor
21.9.1872 *Paris* – 1967
Illustrator, Landschaftsmaler, Designer, Dekorateur.
Bio-bib. Index Bd. 4, S. 444

14
LES / GRANDES JOURNÉES POPULAIRES / 1789.1830.1848.1870. / LA LIVRAISON 10 C. / PAR / PIERRE BAUDIN / ET / R. CADIÈRES / ANCIENNE LIBRAIRIE FURNE
L 150 x 109,5
IMP. LEMERCIER PARIS
r.u. O. Guillonet
Inv.-Nr. 22235
Sauermann 245 – Redlefsen 42

Lemot, A.
Lebensdaten unbekannt

15
1900 / PALAIS DE LA MER
Plakat zur Pariser Weltausstellung 1900
L 160 x 120
AFFICHES L. BOYER ASNIERES, PARIS
l.u. A. Lemot
Inv.-Nr. 22243
Redlefsen 55

16

17

18

19

Lorain, Gustave
Geb. 8.9.1882 Paris
Maler u. Plakatkünstler in Paris. Schüler von Gérôme, Grasset und F. Humbert. Mitglied der Société des Artistes français.
DfP II, S. 367

16
ART ET DECORATION / REVUE MENSUELLE D'ART MODERNE / COMITÉ DE DIRECTION / M. M. CAZIN. FRÉMIET / GRASSET / J. P. LAURENS / L. MAGNE / L. O. MERSON / ROTY / VAUDREMER / PRIX DE L'ABONNEMENT: 20 F / PRIX DE LA LIVRAISON: 2 F / L'ANNÉE PARUE: 24 F / 13 RUE LAFAYETTE
Für die Kunstzeitschrift «Art et Décoration», Paris
L 63,5 x 44,5
AFFICHE D'INTERIEUR / IMPIES LEMERCIER, PARIS
r.u. G. Lorain 98
1898
Dieses Plakat errang den ersten Preis bei einem Wettbewerb der Zeitschrift.
Inv.-Nr. 22244
Redlefsen 61 – DfP II 544

Lucas, E. Charle
Lebensdaten unbekannt
Maler, Zeichner und Plakatkünstler am Ende des 19. Jahrhunderts.
Illustrationen für Zeitschriften und galante Bücher. Aus seiner Arbeit am »Journal« ergab sich die Tätigkeit als Plakatkünstler. Entwarf allein für die Feuilletons von »L'Estampe et l'Affiche« und »Les Maîtres de l'Affiche« zahlreiche Plakate. Graphische Gelegenheitsarbeiten wie Umschläge für Programme von Wohltätigkeitsveranstaltungen und Wettbewerbsdiplome, aber auch Dekorationen für die Feste der mondänen Welt.
DfP II, S. 368

17
L'EXPOSITION / DU THÉÂTRE ET / DE LA MUSIQUE / 25 JUILLET – 25 NOVEMBRE / PALAIS DE L'INDUSTRIE / DIMANCHE 0 F. 50C. – SEMAINE 1 F. / TOUS LES VENDREDIS GRAND FESTIVAL 3 F.
Für die «Exposition du Théâtre et de la Musique» im Palais de l'Industrie, Paris
L 121 x 75
IMPRIMERIE CHAIX (Ateliers Chéret) rue Bergère 20, PARIS (8788-96) ENCRES LORILLEUX.
l.u. e charle lucas
1896
Inv.-Nr. 22230
Sauermann 238 – Redlefsen 63 – DfP II 551

18
FOLIES BERGÈRE / PHRYNÉ / BALLET DE AUG. GERMAIN / MUSIQUE DE / LOUIS GANNE / CHORÉOGRAPHIE DE / MME MARIQUITTA
L 160 x 59
IMP. CHARLES VERNEAU PARIS [Druckerzeichen]
M.r. e charle lucas
Inv.-Nr. 22231
Sauermann 240 – Redlefsen 62

19 – Tafel 18
ROMAN INÉDIT / PAR / LÉON DAUDET / CINQ CENTES / LE NUMÉRO / ADMINISTRATION & RÉDACTION, 100, RUE RICHELIEU, PARIS.
L 140 x 100
IMP. CHARLES VERNEAU, 114 RUE OBERKAMPF. PARIS (DÉPOSÉ)
l.u. e charle lucas
Inv.-Nr 22232
Sauermann 241 – Redlefsen 64

Lunois, Alexandre
2.2.1863 Paris – verm. 2.9.1916 Le Pecq bei Paris
Graphiker, Radierer, Maler. Wiederentdecker des Lithotink-Verfahrens. Lehrling bei dem Lithographen Achille Sirouy. Künstlerische Ausbildung autodidaktisch. Begann mit Entwürfen für lithographische Reproduktionen nach Butin, Daumier und L'Hermitte. Für die Ausstellung seiner ersten Original-Lithographien im Salon (Société des Artistes français) 1888 Reisestipendium in die Niederlande, nach Spanien, Marokko und Algier. Um Eindrücke der Reisen, bes. aus den südlichen Ländern, treffender gestalten zu können, wechselte Lunois von der Schwarz-Weiß- zur Farb-Lithographie und zur getuschten Manier. Bekannt wurde er wegen der Farbgebung seiner Lithographien, nicht so sehr durch künstlerische Leistung. Seit 1907 auch Radierungen, Motive aus Norwegen. Umfangreiches malerisches Schaffen in Öl und Pastell. Buchillustrationen.

E. Dacier: Alexandre Lunois, Paris 1902 – E. André: Alexandre Lunois, peintres, graveurs et lithograph, o.O. 1913 – TB Bd. 23, S. 471f. – DfP II, S. 368

20

21

22

23

20 – Tafel 17

EXPOSITION / 1900 1900 / L'ANDALOUSIE / AU / TEMPS DES MAURES / ADMINISTRATION 74 Bd. HAUSSMANN, PARIS. / CETTE AFFICHE NE POURRA ÊTRE VENDUE QUE REVÊTUE DU TIMBRE SPÉCIAL DE LA SOCIÉTÉ.
Für die Ausstellung »L'Andalousie au Temps des Maures« im Rahmen der Weltausstellung in Paris, 1900
L 255,5 x 92
IMPies. LEMERCIER, PARIS.
l.u. Alex. Lunois
1899
Inv.-Nr. 22227
Sauermann 214 – Redlefsen 65 – DfP II 555

Meunier, Georges

3.11.1860 Paris – 1934 St.-Cloud
Maler, Illustrator, Plakatkünstler. Schüler von Adolphe Bouguereau und Joseph Robert-Fleury an der École Nationale des Beaux-Arts. Außerdem studierte er an der École des Arts Décoratifs. Er nahm an den Ausstellungen im Salon der Société des Artistes français und von 1909 – 1913 im Salon des Humoristes teil. Als Plakatkünstler war er hauptsächlich für die Druckerei Chaix tätig und stand, bevor er einen eigenen Stil entwickelte, unter dem Einfluß von Chéret.
DfP II, S. 370

21 – Tafel 2

BULLIER / TOUS LES / JEUDIS / GRANDE FÊTE / SAMEDIS & DIMANCHES / BAL
Für das Ballhaus Bullier, Paris
L 123,5 x 88,5
IMP. CHAIX (Ateliers Chéret) 20, Rue Bergère. PARIS.-23.99.94 (ENCRE CH. LORILLEUX & Cie)
l.u. Georges Meunier
1894
Inv.-Nr. 22220
Sauermann 207 – Redlefsen 66 – DfP II 580

Misti (Pseudonym von Ferdinand Mifliez)

1865 Paris – 1923 Neuilly
Lithograph und Plakatkünstler. Schüler von Lechevallier-Chevignard. Stellte im Salon der Société des Artistes français und im Salon des Humoristes aus. Einer der meistgefragten Plakatkünstler in den Jahren 1894 – 1914. Zeichnete u.a. viele Plakate für das Warenhaus Magasin de Pygmalion und für die Fa. Dubonnet.
DfP II, S. 371

22 – Tafel 12

A PYGMALION / LUNDI 22 JANVIER ET JOURS SUIVANTS / BLANC TOILE / TROUSSEAUX LINGERIE CHEMISES BONNETERIE / OCCASIONS SENSATIONELLES
Für die Wäscheabteilung des Warenhauses Pygmalion
L 237 x 316,5
IMP. B. SIRVEN, TOULOUSE-PARIS
l.u. Misti 00
1900
Inv.-Nr. 22222
Sauermann 209 – Redlefsen 67

23 – Tafel 13

CASINOS DE TROUVILLE S[UR] MER / TROUVILLE S[UR] MER / PARIS-TROUVILLE / TRAJET EN 3 H. 1/2 / RESTAURANT. CAFÉ-GLACIER & BAR TENUS PAR M.M. CORNUCHE & CHAUVEAU / PROPRIÉTAIRES DU RESTAURANT / MAXIM'S AMERICAN BAR, 3, RUE ROYALE PARIS
L 110 x 76
LITH. E. CHAMBRELENT, 27, RUE DES RECOLLETS, PARIS
M.l. Misti
um 1900
Inv.-Nr. 22237
Sauermann 259 – Redlefsen 68

Mucha, Alfons Maria

24.7.1860 Ivançice (Mähren) – 14.7.1939 Prag
Maler, Graphiker, Entwerfer für Kunstgewerbe, Plakatkünstler. 1877 Ausbildung zum Kulissenmaler am Wiener Ringtheater. 1879 – 1881 arbeitete Mucha in einem Atelier für Theaterdekorationen in Wien, daneben Zeichenunterricht. 1881 – 1883 als Porträtist bei Graf Khuen, der ihm mit einem Stipendium das Studium an der KA München 1885 – 1887 bei L. v. Löfftz und J. Herterich ermöglichte. 1888 Studium an der Académie Julian in Paris bei J. J. Lefebvre und J. P. Laurens sowie an der Académie Colarossi. 1889 – 1894 vorwiegend Illustrationen. 1892 entstand Muchas erstes Plakat. Mit seinem Plakat für Sarah Bernhardt als »Gismonda« wurde er 1894 berühmt. Die Druckerei Champenois führte alle seine Aufträge für lithographische Arbeiten aus. 1897 erste Einzelausstellung im »Salon des Cent«. Ab 1898 Zeichenkurse in der Académie

24

25

26

27

Carmen. 1901 erschien in der Librairie centrale des Beaux-arts das Mappenwerk »Documents décoratifs«. Bis 1921 lebte er abwechselnd in Mähren und in den Vereinigten Staaten, unterrichtete an Kunstschulen in New York und Chicago und übernahm verschiedene Aufträge. Unzählige Entwürfe für alle Bereiche der angewandten Kunst, auch Wandbilder und Monumentalgemälde. Der Gemäldezyklus »Das slawische Epos« wurde 1928 an die Stadt Prag übergeben.

DfP II, S. 371f. – Alfons Mucha. Triumph des Jugendstils, Museum für Kunst und Gewerbe Hamburg, bearb. von Jürgen Döring u.a., Heidelberg 1997 – Alphonse Mucha. The spirit of art nouveau, bearb. von Victor Arwas u.a., London 1998 – Ronald F. Lipp: Alfons Mucha, Stuttgart 2000

24 – Tafel 11

JOB
Für Zigarettenpapier der Marke »Job«
L 67 x 46
F. CHAMPENOIS PARIS
r.u. Mucha
1897
Inv.-Nr. 22246
Sauermann 261 – Redlefsen 74 – DfP II 635

25 – Tafel 10

OESTERREICH / AUF DER / WELTAUSSTELLUNG / PARIS 1900 / WIENER RESTAURANT / ARCH. A. NEUKOMM / EHRENSAAL / ARCH. L. BAUMANN / OESTERREICH. REICHSHAUS / ARCH. L. BAUMANN / TIROLER ANSITZ / ARCH. I. DEININGER / PAVILL. SIEMENS-HALSKE / L. BAUMANN / KRUPP RECONVALESC.-HEIM / ARCH. L. BAUMANN / GEZ. G. ROSSMANN / CHEFARCH. L. BAUMANN [auf dem Medaillon:] RF ... [auf dem Schriftband unter dem Wappen:] FLUCTUAT NEC MERGITUR
Für die Repräsentation Österreichs auf der Weltausstellung in Paris, 1900
L 98 x 66,5
KUNSTANSTALT S. CZEIGER WIEN.
l.u. Mucha Paris
1900
Inv.-Nr. 22245
Sauermann 260 – Redlefsen 73 – DfP II 649

Neumont, Maurice Louis Henri
22.9.1868 Paris – 10.2.1930 Paris
Maler, Lithograph, Plakatkünstler, Karikaturist. Schüler von Gérôme. Beschickte seit 1902 den Salon der Société des Artistes français. Während des Krieges 1914–1918 zahlreiche Propaganda-Plakate ausgestellt. Noch in seinem letzten Lebensjahr Präsident des Salon des Humoristes. Neumont ist einer der letzten Vertreter der Karikaturistenschule des Montmartre.
DfP II, S. 372

26 – Tafel 19

GUIET & CIE / CONSTRUCTEURS / & EXCLUSIFS / DE LA SOCIÉTÉ / FRANÇAISE / D'AUTOS ÉLECTRIQUES / L'AUTOMOBILE / PAR LA / CARROSSERIE / 124 BIS AVENUE DE VILLIERS
L 200 x 130
IMP. CHAIX, RUE BERGÈRE, 20, PARIS
M.l. Maurice Nevmont 99
1899
Inv.-Nr. 22247
Redlefsen 75

Orazi, Emmanuel-Joseph-Raphael
1860 Rom – 1934 Paris
Maler und Illustrator vorwiegend exotischer Themen. Mitarbeiter illustrierter Zeitschriften wie »Paris-Noël« (1892), »Figaro illustré« (1896 u. 1900), »L'Assiette au Beurre« (1903). Buchillustrationen. Mehrere Plakate, von denen das für Sarah Bernhardt in »Théodora« (gemeinsam mit Gourguet) und das für Loïe Fuller berühmt wurden. Entwarf auch Schmuck für die Pariser Jugendstil-Kunsthandlung La Maison Moderne.
DfP II, S. 373

27

OLYMPIA / 9, BOULEVARD DES CAPUCINES, 9. / RÊVE DE / NOËL / PANTOMIME EN 3 TABLEAUX / DE M.MES JEAN LORRAIN / & ED. DIET. / JOUÉE PAR M.MMES / LIANE DE POUGY / & ROSE DEMAY
Für die Aufführung der Pantomime »Rêve de Noël« von Jean Lorrain und Ed. Diet im Varietétheater Olympia, Paris
L 147,5 x 107,5
IMPIES LEMERCIER, 57, RUE DE SEINE, PARIS.
l.u. M Orazi
vor 1899
Inv.-Nr. 22236
Sauermann 246 – Redlefsen 82 – DfP II 673

28

29

30

31

32

Pal (Künstlername von Jean de Paleologu oder Paléologue)
Geb. 29.8.1860 in Bukarest
Maler und Plakatkünstler. Er gilt als Nachkomme der Paläologenkaiser. Erzogen wurde er in Gravesend (Grafschaft Kent), studierte in London, besuchte eine Militärakademie in Rumänien und trat in die rumänische Armee ein. Nach London zurückgekehrt, wurde er Mitarbeiter verschiedener illustrierter Zeitschriften, des »New York Herald«, des »Strand Magazine« und des »Vanity Fair«. 1893 übersiedelte er nach Paris und war dort und in Asnières (Seine) als Plakatkünstler und Illustrator tätig. Er arbeitete für die Zeitschriften »La Plume«, »Le Rire«, »Cocorico«, »Le Froufrou«, »Sans-Gêne« und »La Vie en rose«. Plakate entwarf er auch für englische Auftraggeber, z.B. für eine Aufführung des Musicals »Fanny« im Strand Theatre in London. Ob er jedoch mit dem Plakatkünstler Julius Price identisch ist, lässt sich nicht nachweisen.
DfP II, S. 373f.

28
CASINO / DE / PARIS / 15 / RUE BLANCHE / NOUVEAU THÉÂTRE / TOUS / LES / SOIRS / LES DESSOUS / DE / L'ANNÉE / REVUE / EN 3 ACTES ET 9 TABLEAUX / DE M.M. / CH. CLAIRVILLE, AD. VELY / ET ALB. VAILIN / MUSIQUE NOUVELLE / ARRANGÉE PAR HENRI JOSÉ
L 122 x 82
IMP. PAUL DUPONT, 4 R. DU BOULAIS, PARIS
l.u. PAL
Inv.-Nr. 22228
Sauermann 215 – Redlefsen 83

29 – Tafel 20
WHITWORTH CYCLES
L 215 x 150 [in zwei Teilen]
IMPRIMERIE PAUL DUPONT. 4 R. DU BOULOI, PARIS
r.u. PAL
Inv.-Nr. 22248
Redlefsen 84

Thiriet, Henry
Lebensdaten unbekannt

30 – Tafel 9
L'AFFICHE FRANÇAISE / DIRECTION: 14, RUE DES PRÊTRES ST. SÉVÉRIN.
[auf der Schriftrolle:] GRASSET / CHERET / WILLETTE / FORAIN / STEINLEN / IBELS / LAUTREC / ROEDEL / NOURY
Für eine Ausstellung französischer Plakate, Paris
L 65 x 49,5
Imp.
BOURGERIE & CIE. – 83, Faubg. St. Denis Paris
r.u. Henry Thiriet
1897
Inv.-Nr. 22249
Sauermann 263 – Redlefsen 101 – DfP II 814

Toulouse-Lautrec-Monfa, Henri Marie Raymond de
24.11.1864 Albi – 9.9.1901 Malromé (Gironde)
Maler und Graphiker. Er entstammte französischem Uradel.
Schon während seiner Schulzeit in Paris zeigte er ein beachtliches Zeichentalent und wurde von dem Tiermaler René Princeteau unterrichtet. Nach einem Bruch beider Beine und aufgrund einer erblichen Knochenkrankheit wurde er als Fünfzehnjähriger zum Krüppel. Nach dem Baccalauréat entschloss er sich, Maler zu werden, und begann 1882 seine Ausbildung bei Léon Bonnat. 1883 wechselte er in das Atelier Cormon über, wo Emile Bernard und Lucien Métivet seine Mitschüler waren. Bald lehnte er die akademische Schultradition ab und richtete sich sein eigenes Atelier in der Rue Tourlaque am Montmartre ein. Sein Vorbild wurde Degas, und entscheidende Anregungen verdankte er dem japanischen Farbholzschnitt. Mit gleichgesinnten Künstlern, Emile Bernard, Louis Anquetin und Vincent van Gogh, bildete er 1887 die »École du Petit Boulevard«, die der Malerei des Impressionismus Linie und Fläche als neue Ausdrucksmittel entgegensetzte. In den Theatern, Café-Concerts, Kabaretts und Bordellen des Montmartre fand er seine Bildthemen und Modelle. Im Mittelpunkt seines Schaffens steht der Mensch der Demimonde, ihn betrachtete er als bildwürdig, aber er stellte auch den Chirurgen Péan bei der Arbeit dar, beobachtete Gerichtsprozesse, das Training auf der Radrennbahn. Es entstanden Lithographien und Plakate einer bis dahin künstlerisch nicht gestalteten Welt, was bürgerliche Zeitgenossen und Kritiker zu der Interpretation führte, er huldige einem Kult des Hässlichen. Er schuf ein sehr umfangreiches graphisches Werk

33

34

35

(Plakate, Serien, Einzelblätter, Notentitel, Theaterprogramme und Illustrationen u.a.). Mehrfach nahm er an Ausstellungen der Artistes Indépendants und der belgischen Künstlergruppe »Les XX« teil. Die letzte Zeit seines Lebens verbrachte er meist in seiner Heimat, der Gironde, und malte überwiegend Bildnisse sowie eine Folge von Szenen aus der Aufführung der Oper »Messalina« im Theater von Bordeaux. 1921 gründete sein Freund und erster Biograph, Maurice Joyant, das Toulouse-Lautrec-Museum in Albi. Der Lithographie hat er von anderen Künstlern kaum erreichte Ausdruckswerte abgewonnen. Von Bernard, Anquetin und anderen Wegbereitern des Art Nouveau entwickelte Stilelemente hat er auf das Plakat übertragen. Er hat dadurch einen wesentlichen Anteil an der Entwicklung der Kunst seiner Zeit. Das Plakat verdankt ihm den Rang eines eigenständigen Kunstwerks.

DfP II, S. 381 – M. G. Dortu / J. A. Mérie: Toulouse-Lautrec. Das Gesamtwerk, 2 Bde., Frankfurt / Berlin / Wien 1979 – Christian Heilmann: Henri de Toulouse-Lautrec, Kat. München 1985 – Kat. Toulouse-Lautrec. Gemälde und Bildstudien, Köln 1986 – G. Adriani: Toulouse-Lautrec. Das gesamte graphische Werk, Köln 1986 – R. Castleman / W. Wittrock (Hg.): Henri de Toulouse-Lautrec. Bilder der Belle Epoque, Gemälde, Zeichnungen, Lithographien, Berlin / Darmstadt / Wien 1987 – Toulouse-Lautrec. Posters and prints from the collection of Irene and Howard Stein, Atlanta 1997 – Udo Felbinger: Henri Toulouse-Lautrec. Leben und Werk, Köln 1999 – David Sweetman: Toulouse-Lautrec and the fin-de-siècle, London 2000.

31 – Tafel 1

REINE DE JOIE / PAR / VICTOR JOZE / CHEZ TOUS LES LIBRAIRES
Für den Roman »Reine de Joie« von Victor Joze (Pseudonym für Victor Dobrsky)
L in 2 Teilen 141 x 92
Imp. Edw: ANCOURT & Cie. PARIS
M.l. HTLautrec [mit ligierten Anfangsbuchstaben]
1892
Der Bankier Rothschild intervenierte gegen die Verbreitung des Plakates, weil es sich in dem Helden des Romans, Baron von Rosenfeld, wiederzuerkennen glaubte und den Verkauf dieser antisemitischen Veröffentlichung verhindern wollte.
Inv.-Nr. 26882
DfP II 823

Wehly

verm. Pseudonym / Lebensdaten unbekannt

32 – Tafel 21

CYCLE / ARAGO / P. DUFOUR / 81, RUE DU F:G ST. JACQUES
L 87 x 68,5
IMP. BAS
r.u. WEHLY
Inv.-Nr. 22297
Sauermann 247 – Redlefsen 103

FRANKREICH

Anonyme Plakate nach Druckanstalten geordnet bzw. ohne Druckvermerk

33 – Tafel 23

LA CHEMINÉE CHOUBERSKY / LE / MEILLEUR / LE PLUS / ÉLÉGANT / APPAREIL / DE / CHAUFFAGE
L 190 x 245 [in zwei Teilen]
AFFICHES-CAMIS 58 RUE ST. SABIN, PARIS. IMPRIMÉES EN CROMOLITHOGRAPHIE SUR LA PLUS GRANDE MACHINE DU MONDE (SYSTEME MARINONI)
Inv.-Nr. 22252
Redlefsen 135

34 – Tafel 16

MOSCOU / AU / MUSÉE GREVIN
Plakat zur Pariser Weltausstellung 1900
L 123,5 x 175
IMP. CHAIX (ATELIERS CHÉRET) RUE BERGÈRE 20, PARIS
1900
Inv.-Nr. 22253
Redlefsen 137

35 – Tafel 15

L'ANDALOUSIE / AU TEMPS DES MAURES / EXPOSITION DE 1900 / ADMINISTRATION 74 BD. HAUSSMANN. PARIS
Plakat zur Pariser Weltausstellung 1900
L 130 x 360 [in mehreren Teilen, rechter Teil fehlt]
IMP. LEMERCIER, PARIS
unbez.
1900
Inv.-Nr. 22250
Redlefsen 110

36

37

38

39

36
EXPOSITION UNIVERSELLE / DE / 1900 / PALAIS / DU / COSTUME / (PROJECT FÉLIX) / AU CHAMPS DE MARS / RESTAURANT CHAMPEAUX DU PALAIS DU COSTUME / OUVERTURE LE 9 MARS
Plakat zur Pariser Weltausstellung 1900
L 150 x 110
o. Druckvermerk
Inv.-Nr. 22224
Sauermann 211 – Redlefsen 136

BELGIEN / NIEDERLANDE
Einzelne Künstler

Acker, Florimond (»Flori«) Marie van
6.4.1858 *Brügge* – 14.3.1940 *Brügge*
Maler in Brügge. Studium an der KA Brügge bei Eduard August Wallays und Bruno van Hollebeke, später an der KA Antwerpen bei Charles Verlat sowie an der Académie Royale des Beaux-Arts in Brüssel bei Jan Frans Portaels. Sein Oeuvre umfasst sowohl religiöse und historische Darstellungen als auch Genrethemen, Porträts, Landschaften und Städteansichten. Unter den Aufträgen für belgische Kirchen sind die Wandgemälde in der Kapelle der Xaveristen in Brügge mit Szenen aus dem Leben des Franziskus Xaverius (1899) und die Darstellung im Tempel in der Brügger Jesuitenkirche (1898) hervorzuheben. Neben Ölgemälden schuf er Pastelle, Aquarelle sowie Entwürfe für Plakate und Exlibris. Reisen nach England, Frankreich, Deutschland und Italien. 1910–1926 war er Präsident der KA Brügge.
DfP II, S. 344 – Saur Bd. 1, S. 247

37
VILLE DE BRUGES / EXPOSITION / DE LA / TOISON D'OR / ET DE L'ART NÉERLANDAIS SOUS / LES DUCS DE BOURGOGNE / JUIN-SEPTEMBRE 1907
Für eine Ausstellung zur Geschichte des Ordens vom Goldenen Vlies und der niederländ. Kunst zur Zeit der Herzöge von Burgund, Brügge 1907
L 157 x 117
LITH. LÉON DE HAENE-BODARDT, BRUGES.
M.u. Flori. Van Acker
1907
Inv.-Nr. 22357
DfP II 973

Konijnenburg, Willem A. van
11.2.1868 *Den Haag* – 28.2.1943 *Den Haag*
Maler, Lithograph, Kupferstecher. Nach Privatunterricht bei J. C. d'Arnoud-Gerkens (1882–1884) Studium an der Akademie van Beeldende Kunsten in Den Haag (1884–1886). Kurzreisen nach Paris (1886, 1901 und 1906) und nach Maastricht (1886–1887).
G. Jansen: Konijnenburg, Willem Adriaan van, in: Dictionary of Art, ed. by Jane Turner, London 1996, Bd. 18, S. 226

38
ROTTERDAM. DORDRECHT. CORINCHEM. / WATERTOCHTJES. / FOP SMIT & CO.
L 104 x 75
MEISENBACH RIFFARTH & CO. BERLIN
J. VURTHEIM & ZOON, ROTTERDAM
l.u. W. Konijnenburg
Inv.-Nr. 22339
Sauermann 204 – Redlefsen 53

Lemmen, Georges
1865 *Schaerbeek* – 5.6.1916 *Uccle*
Maler, Radierer, Lithograph, Kunstgewerbler und Kunstkritiker. Schüler von Hendrickxs und A. Bourson an der Zeichenakademie in St.-Josse-ten-Noode. Unter Einfluss Seurats einer der Vorkämpfer des Neo-Impressionismus in Belgien. Zarte Interieur- und Familienszenen – oft der eigenen Familie – waren sein bevorzugtes Thema. Lemmen stellte 1889–1893 bei »Les XX«, 1894–1912 alljährlich bei »La Libre Esthetique«, 1889–1892 im Pariser Salon des Independants und später bei der 1904 gegründeten Künstlervereinigung »Vie et Lumidre« aus. Neben Van de Velde und Rysselberghe wichtiger Vertreter der belgischen Erneuerungsbewegung im Bereich der angewandten und dekorativen Künste. Er entwarf Teppiche, Keramik, Buchumschläge, Plakate, Schmuck (u.a. für die Pariser Kunsthandlung »La Maison Moderne« etc.). Seine typographischen Arbeiten, hervorragend in der kompositionellen Verbindung von Schrift und Darstellung, sind von der zeitgenössischen englischen Graphik (Mackmurdo) inspiriert. Er illustrierte mit Van de Velde und Rysselberghe 1893 die Zeitschrift »Van Nu en Straks« und war 1899 an der Ausstattung der ersten Hefte der Zeitschrift »Die Insel« beteiligt. Als Kunsthistoriker vor allem bekannt durch Beiträge in der Zeitschrift »L'Art Moderne« und durch seine Korrespondenz mit dem Maler und Graphiker Willy Fluch.
Roger Cardon: Georges Lemmen. Monographie générale suivie du catalogue raisonné de l'œuvre gravé, Antwerpen 1990 – Jane Block: Lemmen, Georges, in: Dictionary of Art, ed. by Jane Turner, London 1996, Bd. 19, S. 137 – Georges Lemmen 1865–1916, bearb. von Roger Cardon, Gent 1997 – Bio-bib. Index Bd. 6, S. 181

40

41

42

43

39

DEKORATIVE / KUNST / MONATLICH / EIN HEFT / MK. 3.75 PRO / QUARTAL / MÜNCHEN: VERLAGSANSTALT- F. BRUCKMANN-A-G
Für die Kunstzeitschrift »Dekorative Kunst«, herausgegeben von H. Bruckmann, München und J. Meier-Graefe, Paris
L 58,5 x 75,5
unbez.
vor 1897
Inv.-Nr. 22317
Redlefsen 127 [dort falsch bez.] – DfP II 1056

Livemont, Privat

9.10.1861 Schaerbeek bei Brüssel – *4.10.1936 Schaerbeek*

Dekorations- und Plakatkünstler, Illustrator. Studium an der École des Arts Décoratifs in Saint-Josse-ten Noode bei L. Hendrickxs und A. Bourson (Zeichnen) und bei G. Kestens (Dekorationskunst). 1883–1889 Studienaufenthalt in Paris. Zwei Jahre bei dem Bühnenbildner der Pariser Oper J. B. Lavastre. Danach im Studio des Bühnenbildners Duvigneaud von der Comédie Française tätig. Weitere Ausbildung an der École Étienne-Marcel. 1889 Rückkehr nach Schaerbeek, wo er für eine Brüsseler Dekorationsfirma tätig war. Seit 1890 eigenes Atelier, Ausstattungsaufträge. Als Mitglied des Cercle Artistique de Schaerbeek gewann er 1890 einen Plakatwettbewerb. Seit 1895 überwiegend als Plakatkünstler tätig, er zeichnete selbst auf den Stein. Eine Mappe mit dekorativer Graphik gab er im Eigenverlag heraus.

TB Bd. 23, S. 293 – DfP II, S. 367 – Bio-bib Index Bd. 8, S. 152

40

VAN HOUTEN'S / CACAO / WOHLSCHMECKEND – / IM GEBRAUCH BILLIG.
[auf der Tasse:] VAN HOUTEN' S CACAO
Für Kakao der Fa. van Houten
L 77 x 52
CHROMOLITHOGRAPHIE AMSTERDAM L. VAN LEER & Cie. [im Druckerzeichen]
l.u. Privat Livemont 1897 BRUXELLES
1897
Inv.-Nr. 22342
Redlefsen 60 – DfP II 1065 [andere Varianten]

41

MANUFACTURE ROYALE / DE / CORSETS / BRUXELLES
[im Firmenzeichen:] BIEN FAIRE ET LAISSER DIRE / P. D. / MARQUE DÉPOSÉE
Für Korsetts der Fa. Manufacture Royale de Corsets (Dutoit?), Brüssel
L 75 x 51
LITH. DE RYCKER, BRUXELLES
M.r. Privat Livemont 1897 Bruxelles
1897
Inv.-Nr. 22340
Sauermann 201 – Redlefsen 58 – DfP II 1066

42

CORSETS / PD
[im Firmenzeichen:] BIEN FAIRE ET LAISSER DIRE / P. D. / MARQUE DÉPOSÉE
L 53,5 x 29,5
LITH. DE RYCKER, BRUXELLES
l.u. Privat Livemont del. edit. Bruxelles
Inv.-Nr. 22341
Sauermann 202 – Redlefsen 59

ENGLAND

Einzelne Künstler

Hardy, Dudley

15.1.1867 Sheffield – *11.8.1922 London*

Maler, Illustrator, Graphiker, Plakatzeichner. Nach dreijährigem Studium an der KA Düsseldorf 1884 in Antwerpen Schüler von M. C. Verlat, 1888/89 in Paris bei Raphael Collin und Dagnan-Bouveret. Seit 1886 Illustrator für Londoner Zeitschriften. Seit 1890 regelmäßige Teilnahme an Ausstellungen der Royal Academy und der Society of British Artists, 1890–1896 im Münchner Glaspalast, 1890–1922 im Pariser Salon, Société des Artistes français. Seit 1893/94 sehr erfolgreich mit einer Vielfalt von Plakaten, hauptsächlich für Londoner Theater und Wochenzeitschriften. Bekannt wurde Hardy vor allem durch seine 1894 entstandenen drei Plakate für das Musical »A Gaiety Girl«.

S. Houfe: The Dictionary of British Book Illustrators and Caricaturists 1800–1914, London 1978, S. 332 – Sarah Wimbusch: Hardy, Dudley, in: Dictionary of Art, ed. by Jane Turner, London 1996, Bd. 14, S. 174 – DfP I, S. 198 – Bio-bib. Index Bd. 4, S. 566

43

A GAIETY / GIRL
Für das Musical »A Gaiety Girl«
L 76 x 49
WATERLOW & SONS LTD LITHOGRAPHERS, LONDON. E. C. COPYRIGHT REGISTERED
r.u. Dudley Hardy
1894
Inv.-Nr. 22321
Sauermann 153 – Redlefsen 45 – DfP I 51

44

45

46

47

48

44 – Tafel 24

ROYALTY THEATRE / DEAN STREET,
SHAFTESBURY AVENUE. /
LOUIE FREEAR / OH! SUSANNAH!
Für die Aufführung »Oh! Susannah!« mit
Louie Freear im Royalty Theatre, London
L 76,5 x 49,5
WATERLOW & SONS LTD. LITH. LONDON WALL,
LONDON. COPYRIGHT REGD.
l.u. Dudley Hardy
vor 1898
Inv.-Nr. 22322
Sauermann 158 – Redlefsen 46 – DfP I 57

45

PRINCESS'S THEATRE, / EVERY EVENING AT 8 /
IN SIGHT / OF / ST. PAUL'S / MESSRS ALBERT
GILMER / AND / C. F. WILLIAMS' CO. IN THE /
GREAT PRINCESS' S / SUCCESS / »THE
PANTHER«.
Für die Aufführung »The Panther« mit
Albert Gilmer und C. F. Williams' Co. im
»Princess Theatre«, London
L 72,5 x 48
WATERLOW & SONS LTD LITH. LONDON WALL.
LONDON COPYRIGHT REG.
l.u. Dudley Hardy
Inv.-Nr. 25793
Sauermann 154 – DfP I 59

46 – Tafel 25

DUDLEY-HARDY'S / COMIC GUIDE /
TO THE / 1^{D} / JUBILEE. / M. ELTON & CO. /
PUBLISHERS / 27 BOUVERIE ST.
L 76 x 50
WATERLOW & SONS LTD LITH. LONDON
WALL. LONDON
unbez.
Inv.-Nr. 25800
Sauermann 157

47 – Tafel 27

THE »ALERT« / CYCLE / FOR SAFETY EASE / AND
COMFORT / THE / NEW / CYCLE /
CO. LD. / HILL CLIMBER / ADJUSTABLE / GEAR /
PERFECT / ROLLER BRAKE / FOOT REST /
PEDALS / 43 & 44
HOLBORN VIADUCT, LONDON.
L 74,5 x 49,5
WATERLOW & SONS LTD LITH. LONDON WALL.
LONDON COPYRIGHT REG.
M.r. Dudley Hardy
Inv.-Nr. 22323
Sauermann 159 – Redlefsen 47

48 – Tafel 26

»THE GRAND / DUKE.« / BY / W.S. GILBERT /
AND / ARTHUR SULLIVAN /
SAVOY THEATRE / PROPRIETOR & MANAGER. R.
D'OYLY CARTE.
L 76,5 x 50
WATERLOW & SONS LTD LITH. LONDON WALL.
LONDON
u.l. Dudley Hardy
Inv.-Nr. 22320
Sauermann 155 – Redlefsen 44

49

50

51

52

53

Hassall, John

1868 Walmes bei Dover – 8.3.1948 London
Maler, Illustrator, Plakatkünstler, Graphiker, Holzschneider. 1890 erste Zeichnungen für »Daily Graphic« und »The Punch«. 1891–1892 Studium an der KA Antwerpen und Académie Julian in Paris bei Bougereau und Ferrier. 1894 Ausstellung in der Royal Academy, London. Erster Erfolg als Plakatkünstler mit dem Entwurf »The French Maid« für die Druckerei Allen, die im Laufe von sieben Jahren die meisten seiner Plakate druckte. Um die Jahrhundertwende sehr erfolgreich mit Theaterplakaten. Seit 1912 Mitglied des Royal Institute of Painters in Water Colours, wo er seitdem jährlich ausstellte. Mitglied des London Sketch Club. Hassall entwarf etwa 600 Plakate.
DfP I, S. 198 – Bio-bib. Index Bd. 4, S. 595

49

TERRY'S THEATRE / THE / FRENCH / MAID / A MUSICAL COMEDY / BY BASIL HOOD & WALTER SLAUGHTER. / BY ARRANGEMENT WITH MILTON BODE
Für die Aufführung des Musicals »The French Maid« von Basil Hood und Walter Slaughter in Terry's Theatre, London
L 75 x 50
DAVID ALLEN & SONS LONDON BELFAST, MANCHESTER NEW YORK COPYRIGHT RESD.
l.u. J Hassall
vor 1897
Inv.-Nr. 22324
Sauermann 150 – Redlefsen 48 – DfP I 63

50

LITTLE / BO- / PEEP
Für die Pantomime »Little Bo-Peep«
L 76 x 51,5
DAVID ALLEN & SONS LONDON BELFAST, MANCHESTER NEW YORK COPYRIGHT RESD.
r.u. J Hassall
vor 1897
Inv.-Nr. 22326
Sauermann 149 – Redlefsen 50 – DfP I 66

51

THE / SHOP / GIRL / A LITTLE BIT OF FLUFF
Für das Musical (?) »The Shop Girl«
L 76 x 50,5
DAVID ALLEN & SONS LTD BELFAST ASCORT, LONDON HARROW MANCHESTER (Copyright Res.)
l.u. J Hassall
vor 1897
Inv.-Nr. 22325
Sauermann 147 – Redlefsen 49 – DfP I 64

52 – Tafel 28

THE MUMMY / BY G.D. DAY / AND / ALLAN REED.
L 71 x 38
DAVID ALLEN & SONS LTD BELFAST ASCORT, LONDON HARROW MANCHESTER (Copyright Res.)
l.u. J Hassall
Inv.-Nr. 25794
Sauermann 148

53

A NIGHT OUT / FROM THE VAUDEVILLE THEATRE, LONDON
Für die Aufführung »A Night Out« im Vaudeville Theatre, London
L 72 x 50,5
DAVID ALLEN & SONS LONDON BELFAST MANCHESTER NEW YORK (Copyright Resd)
r.o. J Hassall
vor 1897
Inv.-Nr. 22332
Sauermann 165 – Redlefsen 132 – DfP I 65

54

55

56

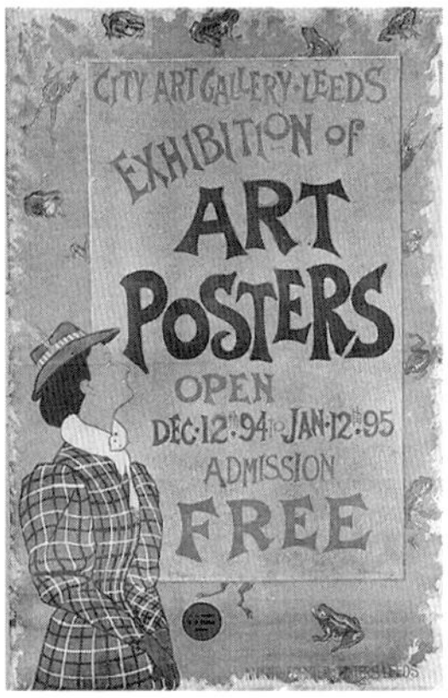

57

54

CINDERELLA
Für die Pantomime »Cinderella«
L 76 x 34
DAVID ALLEN & SONS LONDON BELFAST MANCHESTER NEW YORK (Copyright Resd)
unbez.
vor 1898
Inv.-Nr. 25776
Sauermann 163 – DfP I 68

55 – Tafel 31

THE DAUGHTERS / OF BABYLON / BY WILSON BARRETT. / FROM THE LYRIC / THEATRE / LONDON.
Für »The Daughters of Babylon« von Wilson Barrett, aufgeführt vom Lyric Theatre, London
L 77 x 51,5
DAVID ALLEN & SONS LTD HARROW Also at LONDON BELFAST MANCHESTER NEW YORK Copyright Res.
l.u. JHL
vor 1898
Inv.-Nr. 25779
Sauermann 167 [dort falsch bez.] – DfP I 72

Knight, A.L.
Lebensdaten unbekannt

56

CITY ART GALLERY LEEDS / EXHIBITION OF / ART / POSTERS / OPEN / DEC 12th.94 TO JAN 12th.95 / ADMISSION / FREE
L 88 x 57
KNIGHT & FORSTER PRINTERS. LEEDS
1894
unbez.
Inv.-Nr. 25778
Sauermann 164

Partridge, Bernard
11.10.1861 *London* – 9.8.1945
Buchillustrator, Designer, Kartoonist.
Bio-bib. Index Bd. 7, S. 582

57

MADAME SANS-GÊNE / LYCEUM
L 51 x 63
DAVID ALLEN & SONS LTD HARROW Also at LONDON BELFAST MANCHESTER NEW YORK Copyright Res.
r.u. Bernard Partridge
Inv.-Nr. 22327
Sauermann 166- Redlefsen 85

Price, Julius Mendes
1857 *London* – 29.9.1924 *London*
Genre- und Schlachtenmaler, Schriftsteller und Journalist. Studium an der École des Beaux-Arts in Paris. Seit 1884 Ausstellungen in der Royal Academy, London. 1900 auf der Pariser Weltausstellung mit einer Bronzemedaille prämiert. Er zeichnete seit 1884 für die »Illustrated London News« und andere Blätter in Südafrika, Ostasien und auf dem Balkan. Auch als Kriegszeichner während des 1. Weltkrieges tätig.
DfP I, S. 203 – Bio-bib. Index Bd. 8, S. 145

58

DALY'S THEATRE / SOLE LESSEE AND MANAGER / MR. AUGUSTIN DALY / AN ARTIST'S MODEL / GEORGES EDWARDES' / COMPANY
L 76 x 51
WATERLOW & SONS LTD LITH. LONDON WALL. LONDON
r.u. Julius Price
Inv.-Nr. 25786
Sauermann 162

58

59

60

61

Prince, Valentine R.
Nachgewiesen zwischen 1890 – 1893
Bio-bib. Index Bd. 8, S. 149

59
THE / LONDON / ARGUS / EXTRA NUMBER / GUIDE TO THE / ROYAL / PROCESSION / ILLUSTRATING THE ROUTE / DECORATIONS / & ILLUMINATIONS / SOLD BY ALL BOOKSELLERS / AND NEWSAGENTS / 1 D.
Für die Extraausgabe »The London Argus Extra Number« anlässlich des königlichen Festzuges
L 77 x 51
J. S. VIRTUE & CO., LTD., LITHOGRAPHERS. LONDON.
M.l. Val. R. Prince. 97
1897
Inv.-Nr. 22328
Sauermann 160 [dort falsch bez.] – Redlefsen 86 [dort falsch bez.] – DfP I 105

Ritchie, Alick
Geb. um 1869 Dundee – 25.5.1938
Zeichner, zweijähriges Studium in Antwerpen. Mitarbeiter der Zeitschriften »Pall Mall Magazine«, »St. Paul's« und »The Sketch«. Als Plakatgraphiker hauptsächlich fürs Theater tätig. Die in seiner Signatur enthaltenen Initialen »P« und »F« bedeuten »Poster Frame«.
DfP I, S. 204 – Bio-bib. Index Bd. 8, S. 412

60
ON / THE / MARCH
Für die Aufführung von »On the March«
L 76 x 51
DAVID ALLEN & SONS LONDON BELFAST, MANCHESTER NEW YORK (Copyright Resd)
r.u. Alick PF Ritchie.
Inv.-Nr. 22329
Sauermann 161 – Redlefsen 93 – DfP I 108a

ENGLAND
Anonyme Plakate nach Druckanstalten geordnet

61 – Tafel 30
CINDERELLA
L 51 x 76
DAVID ALLEN & SONS LONDON BELFAST, MANCHESTER NEW YORK (Copyright Resd)
unbez.
Inv.-Nr. 22333
Sauermann 168 – Redlefsen 133

62

63

64

65

62 – Tafel 29
DICK WHITTINGTON
[auf dem Meilenstein:] LONDON / 4 / MILES
L 76 x 51
DAVID ALLEN & SONS LONDON BELFAST, MANCHESTER NEW YORK Copyright Resd.
unbez.
Inv.-Nr. 22330
Sauermann 152 [dort verz. als Dudley Hardy] – Redlefsen 130

63
THE SIGN OF THE CROSS.
L 76 x 50,5
DAVID ALLEN & SONS LONDON BELFAST, MANCHESTER NEW YORK Copyright Resd.
unbez.
Inv.-Nr. 22331
Sauermann 151 – Redlefsen 131

ENGLAND
Anonyme Plakate ohne Druckvermerk und ohne Datierung

64
GLORIA / OIL HEATING STOVES / WITH SAFETY BURNERS / UNEQUALLED IN / HEATING POWER / AND SOLID / WORKMANSHIP / EVERY STOVE / GUARANTEED
L 48 x 25,5
Inv.-Nr. 22334
Redlefsen 134

65
AUTHORIZED CAPITAL £ 100.000 / DEPOSITED WITH THE GOVERNMENT / UNDER THE LIFE ASSURANCE ACT £ 20.000 / AN INCOME / OF 10 / – / PER WEEK CAN / BE SECURED / BY REGULARLY / BUYING / OUR TEA. / NO OLD AGE / PENSION / SCHEME OR / FRIENDLY SOCIETY / HAS BEEN ABLE / TO OFFER / ANYTHING EQUAL. / THE BRITISH WIDOWS ASSURANCE CO. LTD. / LONDON
L 73 x 50,8
Inv.-Nr. 22354a

66
OUR POSITION IS UNIQUE / WRITE FOR OUR PRICE LIST / MARTIN BRO'S / CIGAR SPECIALISTS / GUERNSEY AND HAVANA / LONDON OFFICE: 5, MARK LANE, E.C.
L 48,5 x 59,5
Inv.-Nr. 22355 3)

66

67

68

69

ANDERE LÄNDER

Plakate in alphabetischer Ordnung der Länder bzw. der Künstler

Österreich

Lazlo, P. A. de
Lebensdaten unbekannt

67 – Tafel 33

WIENER / MVSIKFESTWOCHE / 21. JVNI – 1. JVLI 1912 / PROGRAMME UND AUSKÜNFTE / DURCH DIE GESCHÄFTSSTELLE FÜR DEUTSCHLAND: / KONZERTBUREAU EMIL GUTMANN, BERLIN W. 35, AM KARLSBAD 33 / UND MÜNCHEN, THEATINERSTRASSE 38 / SOWIE DURCH ALLE MUSIKALIENHANDLUNGEN.
L 62,5 x 40
CHRISTOPH REISSER & SÖHNE, WIEN V.
Im Bildfeld r.u. P. A. de Lazlo
1912
Inv.-Nr. 26577

Rauchenegger, H.
Lebensdaten unbekannt

68

WIENER RUNDSCHAU / HERAUSGEBER: RUDOLF STRAUSS. / ZEITSCHRIFT FÜR LITERATUR. KUNST U. WISSENSCHAFT. / WIEN, VIII. GEORGENSTR. NO. 4. / MAN ABONNIRT IN ALLEN BUCHHANDLUNGEN / VIERTELJÄHRIG = 2 FL.Ö.W.= 4 MARK.
L 47,5 x 35
J. WEINER, WIEN
Im Bildfeld m.l. HR
Inv.-Nr. 22335
Redlefsen 88

Anonym

69 – Tafel 32

UNTER DEM HOHEN PROTEKTORATE SEINER KAISERLICHEN / UND KÖNIGLICHEN HOHEIT DES DURCHLAUCHTIGSTEN / HERRN ERZHERZOG OTTO / WIEN 1898 / JUBILÄUMSKUNSTAUSSTELLUNG / DER GENOSSENSCHAFT BILDENDER KÜNSTLER WIENS / KÜNSTLERHAUS UND MUSIKVEREINSGEBÄUDE / MITTE APRIL BIS ENDE JUNI / EINGANG GISELASTR. EINTRITT 50 KREUZER AN SONN- UND FEIERTAGEN VON 2 UHR AB 20 KR.
L 123 x 92,5
KUNSTANSTALT S. CZEIGER WIEN.
Inv.-Nr. 22347
Sauermann 140 – Redlefsen 138 – W. Aichelburg: Das Wiener Künstlerhaus 1861–1986, Wien 1986, S. 87

70

71

72

73

ANDERE LÄNDER
Polen / Russland

Anonym

70 – Tafel 34
[Kyrillisch, übersetzt:] DER BESTE, REINE KAKAO UND DIE BESTE, REINE SCHOKOLADE VON / JAN FRUSINSKI / ZENTRALLAGER: MARSCHALOWSKAJA 133. FILIALE: SENATORSKAJA 6. / NAJLEPSZE KAKAO KURACYJNE I CZEKOLADA / JANA FRUZIŃSKIEGO / FABRYKA W WARSZAWIE / GLOWNY SKLAD / MARSZALKOWSKA 133 / FILJA: SENATORSKA 6
L 70,5 x 95,5
o. Druckvermerk
Inv.-Nr. 22348
Redlefsen 139

ANDERE LÄNDER
Russland

Anonym

71 – Tafel 35
[Kyrillisch, übersetzt:] EWINOL- / CREME [auf dem Rücken:] EWINOL CREME / DAS BESTE MITTEL FÜR SCHWARZES UND BUNTES SCHUHWERK [auf der Kiste:] HARTWIG LEWIN / BERLIN N.O.
L 87,5 x 61
J. C. KÖNIG & EBHARDT. HANNOVER U. BERLIN
Inv.-Nr. 22349
Redlefsen 140

ANDERE LÄNDER
Schweden

Andrén, Anders Victor
7.12.1856 Uddevalla – 11.11.1930 Stockholm
Maler und Zeichner. Seit 1874 in Stockholm, 1875–1879 Studium an der KA Stockholm, u.a. Plastik im Atelier von F. Kjellberg.
Seit 1885 Mitglied der Oppornenterna, Künstlerbund; ab 1890 im schwedischen Künstlerverband, 1899 Leitungsmitglied.
Andrén war hauptsächlich als Dekorationsmaler für Theater, Restaurants, Festsäle, Cafés, Privathäuser, Kirchen u.a. tätig und hat ebenso zahlreiche Kinderbuchillustrationen geschaffen.
Saur Bd. 3, S. 52f.

72 – Tafel 37
HUSMODERNS / ALMANACKA / FINNES ATT TILLGA I HVARJABOKHANDEL / ...
L 85 x 56,5
KONSTNÄRLIGA AFFICHER [Signet]
r.u. A. [sig.]
Inv.-Nr. 22338
Redlefsen 1

Hjortzberg, Olle
4.11.1872 Stockholm – 1959
Maler, Graphiker, Illustrator, Entwurfszeichner für Glasmalerei, Plakatkünstler. Studium an der KA in Stockholm und Paris. Studienreisen nach Italien, Griechenland und Palästina.
Seit 1908 Mitglied der KA Stockholm.
Bio-bib. Index Bd. 4, S. 769

73
OLYMPISCHE SPIELE / STOCKHOLM 1912 / 29 JUNI – 22 JULI
L 102,2 x 73, 2
A. BÖRTZELLS TR. A. B. STOCKHOLM
l.o. Olle Hjortzberg 1911
r.u. A. Börtzells Tr. A. B. Stockholm 1911
Inv.-Nr. 26580

ANDERE LÄNDER
Schweiz / Niederlande

Anonym

74
GEEFT UWEN KINDEREN / GECONDENSEERDE MELK / MERK: »HET MELKMEISJE« / IS DE BESTE. / ... ANGLO-SWISS CONDENSED MILK CO. / CHAM, ZWITSERLAND.
L 65 x 43
o. Druckvermerk
Inv.-Nr. 22350
Redlefsen 141

74

75

76

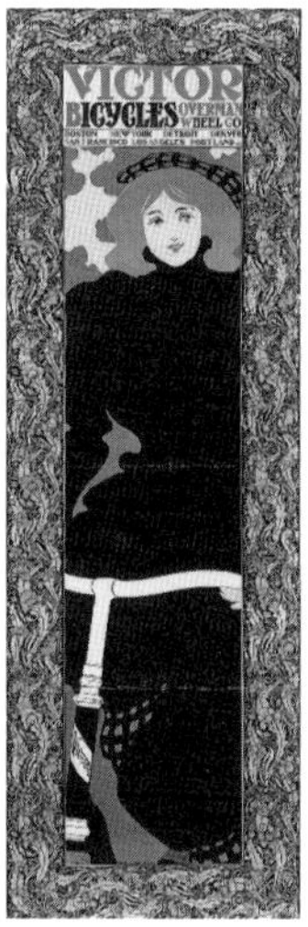

ANDERE LÄNDER
Spanien

Anonym

75 – Tafel 36
COMPREN V. DS. SOLAMENTE / MANTEQUILLA DANESA: / MARCA ALEXANDRA
[auf dem Firmensignet:] THE DANISH ISLANDS PRESERVED BUTTER COMPANY. COPENHAGEN DENMARK
L 60,5 x 41,5
o. Druckvermerk
Inv.-Nr. 22346
Redlefsen 112

ANDERE LÄNDER
USA

Bradley, Will (William) H.
10.7.1868 Boston (Mass.) – 25.1.1962 La Mesa (Calif.)
Plakatkünstler, Illustrator, Graphiker, Buchdrucker, Typenschneider, Herausgeber der Zeitschrift »His Book«. Zeichenunterricht bei seinem Vater, dem Karikaturisten Aron Bradley, autodidaktisch fortgebildet.
Von 1881–1885 Lehrling in der Druckerei von George A. Newett in Marquette, Michigan, danach in verschiedenen Druckereien Chicagos (u.a. bei Rand McNally & Co.) tätig. Studium der alten und neueren Meister der Graphik und der klassischen Vertreter der Typographie. In den 1890er Jahren wurde Bradley einer der gesuchtesten Graphiker Amerikas. 1894 sah er auf einer Ausstellung in New York Theaterplakate, die in der Caslon-Type gedruckt waren und großen Einfluss auf ihn hatten, ein Einfluss, der sich in seinen darauffolgenden typographischen Arbeiten geltend machte. 1894–1896 entstanden zahlreiche Plakate. Ende 1895 Gründung einer eigenen Druckerei, der »Wayside Press« in Springfield / Mass.; gleichzeitig Herausgabe der Monatsschrift »Bradley. His book, a Monthly Magazine, Devoted to Art, Literature and Printing«, in welcher Bradley Redakteur, Dichter, Kunstschriftsteller, Buchkünstler und Drucker zugleich war. Nach Auflösung der Wayside Press und der Zeitschrift »His Book« war er eine Zeit lang als künstlerischer Leiter der University Press in Cambridge, Mass., später in der »American Type Founders Company« tätig. Herausgabe von »The American Chap Book«, 1906 des von ihm verfassten und illustrierten Kinderbuches »Peter Poodle, Toy Maker to the King«. Nach 1914 arbeitete er für verschiedene amerikanische Zeitschriften, schrieb seit 1918 / 19 auch Drehbücher und inszenierte Filme. Er galt neben Rhead und Penfield als einer der bedeutendsten amerikanischen Plakatkünstler seiner Zeit.

DfP I, S. 192f. – D. C. Johnson: William H. Bradley. Art nouveau graphic design in the United States, Diss. University of Kansas, Lawrence 1970 – R. Wong: William Bradley: exponent of American decorative illustrations at the end of the 19th century, 2 Bde., Diss. John Hopkins University, New York 1971 – Clarence P. Hornung: Will Bradley. His art. A collection of his posters, illustrations, typographic designs and decorations, New York 1974 – Saur Bd. 13, S. 532 – Anthony Bambace: Will H. Bradley. A bibliographical guide, New Castle 1995

76 – Tafel 38
VICTOR / BICYCLES OVERMAN WHEEL CO / BOSTON NEW YORK DETROIT DENVER / SAN FRANCISCO LOS ANGELES PORTLAND
[auf dem Fahrrad:] VICTOR
Für Fahrräder der Marke »Victor«, der Fa. Overman Wheel Co., USA
L 103 x 33,5
J. OTTMANN LITH. CO. PUCK BLDG N.Y. / COPYRIGHT 1896, OVERMAN WHEEL CO., CHICOPEE FALLS, MASS.
Im Bildfeld M.l. Will H Bradley 95
1895
Inv.-Nr. 22336
Sauermann 196 – Redlefsen 8 – DfP I 164

---

77 78

Rhead, Louis John
6.11.1857 Etruria (Staffordshire) – 29.7.1926 Amityville, Long Island (N.Y.)
Plakatkünstler, Illustrator, Buchkünstler, Maler. Englischer Abkunft. 1870–1872 Unterricht in Paris bei Boulanger, anschließend in South Kensington, London, bei Poynter und Leighton, dann wieder in Paris bei Legros und Dalou. Erster Erfolg mit Zeichnungen für Bucheinbände. Die frühesten Plakate entstanden für »Cassell's Magazine« in England. 1883 in New York als Kunstmanager von D. Appleton & Co. tätig. Arbeitete zuerst als Maler, dann als Mitarbeiter von Zeitschriften, in deren Auftrag er öfter nach Paris reiste. 1889 / 90 Aufträge für Plakate. Zunächst präraffaelitisch und von japanischen Holzschnitten beeinflusst. Entscheidende Begegnung mit Grasset 1894 in Paris (Grasset-Ausstellung im Salon des Cent). Rückkehr nach New York, dort fast ausschließlich als Plakatkünstler tätig. Rhead erlangte in wenigen Jahren in Amerika außerordentliche Popularität. 1895 großer Erfolg mit seiner ersten Plakat-Ausstellung in New York. Im selben Jahr Goldene Medaille für »artistic posters«, verliehen an amerikanische Künstler, auf der Plakat-Ausstellung in Boston (bei dieser Gelegenheit erhielt Grasset die Goldene Medaille für Ausländer). Als eines seiner besten Plakate galt seinen Zeitgenossen »Advertising in the Sun gives best results« (für die Zeitung »The Sun«). 1897 Ausstellung in Paris im Salon des Cent. 1904 Goldmedaille anlässlich der Weltausstellung St. Louis. Seine Plakate erschienen in großer Auflage (im Durchschnitt 3000 Exemplare) und fanden rasche Verbreitung in aller Welt. Im Unterschied zu den meisten anderen amerikanischen Plakatkünstlern zeichnete Rhead nicht Innen-, sondern Straßenplakate und wurde dadurch richtungweisend für das künstlerische Plakat in Nordamerika. Daneben rein dekorative Entwürfe (Innendekorationen), Illustrationen für Kinder- und Jugendbücher (u.a. J. Swift, Andersen, Grimm) sowie für Zeitungen und Zeitschriften. Von seinen Zeitgenossen als bedeutendster amerikanischer Plakatkünstler geschätzt, in den Zeitschriften seiner Epoche »Plakatkönig« genannt.

A collection of seventeen photographs of posters designed by Louis J. Rhead, New York 1896 – G. White: The Posters of Louis Rhead, in: The Studio 8, 1896, No. 41, S. 156–161 – DfP I, S. 204 – Mark W. Sullivan: Rhead, Louis John, in: Dictionary of Art, ed. by Jane Turner, London 1996, Bd. 26, S. 287 – Bio-bib. Index Bd. 8, S. 351

77 – Tafel 39
EXPOSITION / SPÉCIALE DE SOIXANTE NOUVELLES / AFFICHES INÉDITES DE / LOVIS RHEAD / SALON DES CENT / 31, RUE BONAPARTE PARIS / DU 20 AVRIL AU 10 MAI 1897
Für die Plakatausstellung von Louis Rhead im »Salon des Cent«, Paris 1897
L 61 x 41
AFFICHES ARTISTIQUES DE LA PLUME. 31 RUE BONAPARTE. IMP. CHAIX. PARIS. (ENCRES LORILLEUX).
l.u. Louis Rhead.
1897
Inv.-Nr. 22337
Sauermann 197 – Redlefsen 92 – DfP I 468

DEUTSCHLAND
Einzelne Künstler

Allers, Christian Wilhelm
6.8.1857 Hamburg – 19.10.1915 Karlsruhe
Porträt- und Genremaler, Zeichner, Lithograph. Seit 1869 Besuch der Gewerbeschule in Hamburg, anschließend Lehre als Lithograph. Von 1878–1883 in Karlsruhe Studium bei W. Riefstahl, H. Gude, E. Hildebrand und F. Keller. Rückkehr nach Hamburg, Beschäftigung mit der Lithographie. Nach Studienreisen (Niederlande, England, Schweden und Italien) in Hamburg 1885–1889 Beginn der Ausgabe seiner lithographischen Zyklen im Eigenverlag, darunter »Allerlei Poetisches«, »Hinter den Kulissen«, »Mikado« und »Klub Eintracht«. Seine späteren Zyklen wie »Spreeathener« oder »Eine Hochzeitsreise in die Schweiz« gaben Verleger heraus. 1893–1903 Wohnsitz auf Capri, 1914 Rückkehr nach Karlsruhe.
Saur Bd.2, S. 507

78
SOEBEN ERSCHIENEN: / UNTER DEUTSCHER FLAGGE / C. W. ALLERS. /PREIS 32 MARK
Hd 93,5 x 57
A. SCHULER CHEMIGR., STUTTGART / DRUCK DER UNION DEUTSCHE VERLAGSGESELLSCHAFT IN STUTTGART.
Im Bildfeld l.u. CW Allers ch 1900
1900
Inv.-Nr. 25799
DfP III 16

79

80

81

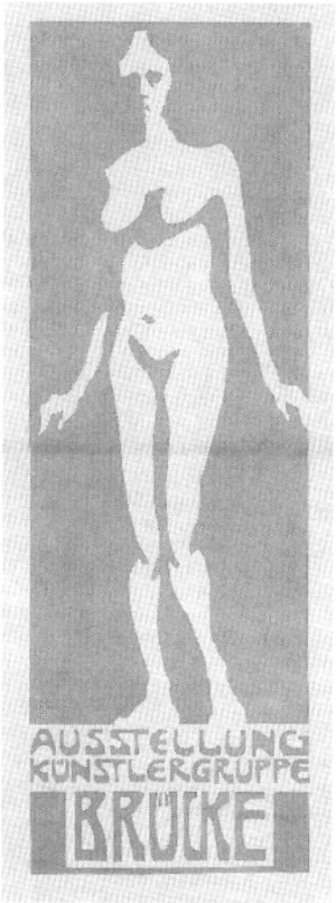

Bachmann, Nicolaus
20.11.1865 *Heide / Holstein* – 10.2.1962 *Heide / Holstein*
Maler, Illustrator, Bildhauer. Malerlehre und Abendkurse an einer privaten Kunstschule. Studium an der KGS Hamburg, den KA Dresden und Weimar sowie 1893 / 94 an der Académie Julian in Paris. Tätig in Berlin.

A. Kamphausen: Nicolaus Bachmann, in: Nordelbingen 32, 1963, S. 9 – 15 – SHBL Bd. 2, S. 49f. – Ulrich Schulte-Wülwer: Malerei in Schleswig-Holstein. Katalog der Gemäldesammlung des Städtischen Museums Flensburg, Heide 1989, S. 7 – Saur Bd. 6, S. 155

79
DIE / DREI / GETREUEN / ROMAN VON G. FRENSSEN. / GEH. 4 M. GEB. 5 M. G. GROTE'S VERLAG BERLIN.
L 38 x 53,9
KUNSTANST. HOLLERBAUM & SCHMIDT BERLIN N 65
l.u. Nicol Bachmann
1898
Inv.-Nr. 22254
Redlefsen 2 – DfP III 28

Baranowsky, Alexander
30.8.1874 *Riga* – 3.5.1941 *Dresden*
Maler, Bühnenbildner, Gebrauchsgraphiker. Lehre als Dekorationsmaler in Riga. 1896 – 1899 Ausbildung an der KGS Dresden und 1906 – 1909 Studium an der KA Dresden, Atelierschüler bei G. Kuehl. Seit 1913 Lehrer an der KGS Dresden, 1918 Ernennung zum Professor.

Neuzeitliche Bühnenmalerei. Kurzer Abriß über Bau, Malerei und Beleuchtung kleiner und mittlerer Bühnen. Zugleich erläuternder Text zu dem gleichnamigen Vorlagewerk für Maler zur Ausführung von Theater-Dekorationen von A. Baranowsky / A. Mahnke, bearb. von Adolf Mahnke, Leipzig o.J. – Saur Bd. 6, S. 624

80
GROSSE KUNSTAUSSTELLUNG / DRESDEN 1908 / UND AUSSTELLUNG: KUNST UND KULTUR / UNTER DEN SÄCHSISCHEN KURFÜRSTEN / 1. MAI – 15. OKTOBER
L 89,5 x 57,5
OSWALD ENTERLEIN, KUNSTANSTALT, NIEDERSEDLITZ I. SA.
Im Bildfeld l.u. A. Baranowsky.
1908
Inv.-Nr. 22360
DfP III 38

Bleyl, Hilmar Friedrich Wilhelm (Fritz)
8.10.1880 *Zwickau* – 19.8.1966 *Iburg*
Architekt, Graphiker. 1901 – 1905 Architekturstudium an der Technischen Hochschule Dresden. 1905 mit E. L. Kirchner, E. Heckel und K. Schmidt-Rottluff Gründung der Künstlergruppe »Brücke«; 1909 offizieller Austritt. 1906 – 1910 Lehrer an der Bauschule und der kunstgewerblichen Tischlerfachschule in Freiberg. 1910 – 1916 in Architekturbüros in Dresden und Rostock tätig. 1916 Promotion in Dresden. Ab 1916 Lehrtätigkeit an der Baugewerkschule, der späteren Staatsbauschule Berlin-Neukölln, dann als Studienrat und ab 1940 als Baurat bis zur Pensionierung tätig. Wohnte 1945 – 1947 in Calbe a.d. Saale und in Zwickau, 1949 – 1951 in Knechtsteden / Rheinland, 1952 – 1958 in Schlebusch bei Leverkusen und 1959 – 1966 in Lugano.

Saur Bd. 11, S. 504 – Horst Jähner: Die Künstlergruppe Brücke. Geschichte einer Gemeinschaft und das Lebenswerk ihrer Repräsentanten, Berlin 1984 – Fritz Bleyl 1880 – 1966. Mitbegründer der Künstlergruppe »Brücke«, hrsg. vom Städtischen Museum Zwickau, bearb. von Petra Lewey-Meyer, Zwickau 1993

81 – Tafel 41
AUSSTELLUNG / KÜNSTLERGRUPPE / BRÜCKE
L 69 x 22,5
o. Druckvermerk
l.u. Fritz Bleyl
1906
Plakat der ersten Dresdner Ausstellung der Künstlergruppe »Brücke« vom Oktober 1906 im Ausstellungsraum der Lampenfabrik K. M. Seifert, Dresden-Löbtau. Bleyl gewann mit diesem Plakat in einem Wettbewerb unter den Brücke-Mitgliedern. Es stellt einen Höhepunkt in seinem Schaffen und ein Novum in der deutschen Plakatkunst dar, wurde aber aus »Sittlichkeitsgründen« verboten. Möglicherweise sollte es auch Verwendung für die 1. Brücke-Ausstellung in Flensburg im Juni 1907 finden.
Inv.-Nr. 22364
DfP III 339

82

83

84

85

86

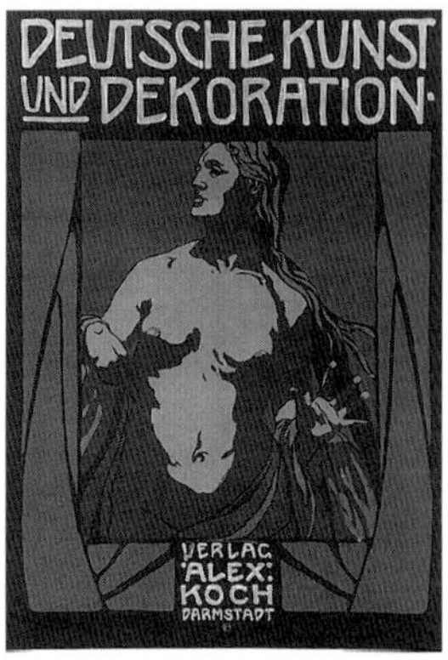

Bosse, C.
Lebensdaten unbekannt

82
[Ohne Text]
Entwurf, Aquarell 79 x 42,5
Im Bildfeld r.u. C. Bosse.
Inv.-Nr. 22363
DfP III 380

Brünner, Karl
4.12.1847 Karlsruhe – 15./17.1.1918 Kassel-Wilhelmshöhe
Maler, Kunstgewerbler, Illustrator.
1865–1870 KA Karlsruhe; 1870/71 Teilnahme am Dt.-Frz. Krieg; Reisen in die Niederlande, nach Belgien und Norddeutschland, 1871/72 Gehilfe von H. Makart in Wien, 1873 Rückkehr nach Karlsruhe, tätig in Karlsruhe (1873), Basel (1874) und Karlsruhe (1883).
1888–1914 Prof. an der KGS Kassel.
Saur Bd. 14, S. 496

83
1889 / UNTER DEM HÖCHSTEN PROTEKTORATE / SEINER KÖNIGL. HOHEIT DES PRINZEN / HEINRICH VON PREUßEN / ALLGEMEINE AUSSTELLUNG FÜR JAGD FISCHEREI UND SPORT. / CASSEL, JUNI, JULI U. AUGUST.
L 96,5 x 64
LITH. KUNSTANSTALT V. M. SEEGER, STUTTGART.
M.u. C. Brünner Kunstgewerbeschule Cassel.
1889
Inv.-Nr. 22256
Redlefsen 9 – DfP III 402

Bürck, Paul
3.9.1878 Straßburg – 18.4.1947 München
Maler, Graphiker, Kunstgewerbler.
1894–1897 Lehre als Dekorationsmaler in München.
1895–1897 Studium an der KGS München.
1899 Berufung an die Künstlerkolonie Darmstadt. 1902–1903 Lehrer der Buchgewerbeklassen an der Kunstgewerbe- und Handwerkerschule Magdeburg. Mitarbeiter der »Jugend« von 1915–1919. Ansässig in Rom (1905–1908) und München (1908–1947).

Ein Dokument Deutscher Kunst: Die Ausstellung der Künstler-Kolonie in Darmstadt 1901. Festschrift, Darmstadt 1901 – Paul Bürck: Ornament, Leipzig 1902 – Benno Rüttenauer: Ein Dokument deutscher Kunst, in: Sonderheft der ›Rheinlande‹ 1901, S. 5–11 – Saur Bd. 15, S. 48f. – Museum Künstlerkolonie Darmstadt, hrsg. vom Institut Mathildenhöhe Darmstadt, bearb. von Renate Ulmer, Darmstadt o.J.

84
SOEBEN ERSCHIENEN! / UNION DEUTSCHE VERLAGSGE- / SELLSCHAFT: STUTTGART BERLIN LEIPZIG / LICHT U. KRAFT / DIE ELEKTRICITÄT / UND IHRE ANWENDUNG IM TÄGLICHEN LEBEN / EINBAND NACH EINEM ENTWURF V. PAUL BÜRCK / EIN HANDBUCH FÜR JEDERMANN / VON TH. SCHWARTZE PREIS 6 MARK
L 87 x 55
UNION DEUTSCHE VERLAGSGESELLSCHAFT IN STUTTGART, BERLIN, LEIPZIG.
l.o. P / r.o. B
vor 1900
Inv.-Nr. 22257
Redlefsen 10 – DfP III 411

85
DIE KUENSTLER KOLONIE IN DARMSTADT / BEEHRT SICH ZU DER AM 15. MAI / MORGENS 11 H STATTFINDENDEN / FEIERLICHEN EROEFFNUNG DER / AUSSTELLUNG SEHR ERGEBENST / EINZULADEN
Hd 40 x 18,5
M.R. & Co. C. F. WINTER'SCHE BUCHDRUCKEREI IN DARMSTADT
Im Bildfeld r.u. BÜRCK
im Schriftfeld M.o. B
1901
Inv.-Nr. 22258
Redlefsen 11 – DfP III 413

86
DEUTSCHE KUNST / UND DEKORATION / VERLAG / ALEX: / KOCH / DARMSTADT
L 39,5 x 26,5
M.u. B
1903
Inv.-Nr. 22259
Redlefsen 12 – DfP III 414

87

88

89

90

Burmeister, Wilhelm
Lebensdaten unbekannt

87 – Tafel 46
DRITTE / JAHRESAUSSTELLUNG / DER / SCHLESW. HOLSTEINISCHEN / KUNSTGENOSSENSCHAFT / IM SCHL. HOLST. KUNSTVEREIN – KIEL – VOM 14. NOV. – 19. DEZ. 1897. / VERLOOSUNG VON KUNSTWERKEN. / LOOS 1 MARK.
L 53 x 74
MEISENBACH RIFFARTH & CO. LEIPZIG.
l.u. WB [ligiert] 97
1897
Inv.-Nr. 22260
Sauermann 131 – Redlefsen 13 – DfP III 430

Christiansen, Hans Heinrich
6.3.1866 Flensburg – 5.1.1945 Wiesbaden
Kunstgewerbler, Maler, Graphiker, Schriftsteller. 1881 – 1885 Lehrer als Dekorationsmaler in Flensburg, 1887 / 88 Studium an der KGS München. 1889 Studienreise nach Italien, seit 1889 selbstständig als Dekorationsmaler tätig, Mitglied im Hamburger »Volkskunst-Verein«, der sich für eine Reform nach dem Vorbild der Arts-and-Crafts-Bewegung engagierte. Reisen nach Chicago (Weltausstellung 1893), Rom, Florenz, Antwerpen (1895). 1896 – 1899 Studium in Paris an der Académie Julian, zeitgleich Mitglied der Münchener Zeitschrift »Jugend«. 1898 / 99 Ruf an die Darmstädter Künstlerkolonie. Bis 1914 vor allem tätig auf dem Gebiet des Kunsthandwerks und der Textilkunst, ab 1914 vornehmlich Maler und Schriftsteller. Ab 1933 Malverbot. Gilt als Hauptmeister des deutschen Jugendstils.

Kat. »Ein Dokument Deutscher Kunst«, 1901 – 1976 (Mathildenhöhe). Entwürfe für Kunsthandwerk, Möbel, Keramik, Leder, Textilien, Schmuck, Kunstverglasungen, Teppiche, Glas, Silber, Plakate, Gemälde, Darmstadt 1976 – Margret Zimmermann-Degn: Hans Christiansen. Leben und Werk eines Jugendstilkünstlers, Teil 1: Einführung und Werkanalyse, Teil 2: Werkverzeichnis, Königstein 1981 – Saur Bd. 19, S. 44f.

88
HAMBURG ST. PAULI-TURNVEREIN / TURNHALLENBAU-FEST / AM 6. APRIL / 1895 / IM / CONCERTHAUS-HAMBURG / EINLASSKARTEN À 3. 2. U. 1. MARK SIND / IN DER TURNHALLE FELDSTRASSE ZU HABEN. / SAALÖFFNUNG 7 UHR. – ANFANG 8 UHR PRÄC.
L 79 x 51
DRUCK v. CARL GRIESE. HAMBURG.
M.l. H. Christiansen. Hamburg 95
1895
Inv.-Nr. 22262
Sauermann 113 – Redlefsen 15 – DfP III 445

89 – Tafel 40
DARMSTADT / MAI – 1901 OCTBR / AUSSTELLUNG / DER KÜNSTLER-KOLONIE
L 70 x 52
FRIEDR. SCHOEMBS OFFENBACH A/M
M.u. CH [ligiert]
1901
Inv.-Nr. 22263
Redlefsen 16 – DfP III 453 [anderer Text]

Cissarz, Johann Vincenz
22.1.1873 Danzig – 23.12.1942 Frankfurt a. M.
Maler, Graphiker. Innenarchitekt, Buch- und Plakatkünstler. 1891 – 1894 Studium an der KA Dresden bei L. Pohle, H. Freye; 1895 – 1896 Meisterschüler von F. W. Pauwels. Mai 1903 Berufung an die Darmstädter Künstlerkolonie, seit Oktober 1906 Lehrbeauftragter für Buchgestaltung in Stuttgart, 1909 Professor und ab 1913 Leiter der Abteilung Graphische Künste und Buchgewerbe an der KGS Stuttgart, seit 1916 für Freie Malerei an der KGS Frankfurt. Gilt als Pionier der deutschen Plakatkunst.

Saur Bd. 19, S. 300f. – Museum Künstlerkolonie Darmstadt, hrsg. vom Institut Mathildenhöhe Darmstadt, bearb. von Renate Ulmer, Darmstadt o.J.

90
VERLAG VON EUGEN DIEDERICHS, FLORENZ U. LEIPZIG / EINE JUBILÄUMSGABE / ZU DEN 50JÄHRIGEN GEDENKTAGEN DER DEUTSCHEN REVOLUTION. / SOEBEN ERSCHIEN / HANS BLUM / DIE DEUTSCHE / REVOLUTION 1848 – 49. / MIT ÜBER 200 AUTHENTISCHEN ILLUSTRATIONEN UND / FAKSIMILEBEILAGEN. / IN 10 LIEFERUNGEN ZU 1 MK. – COMPLET BR. MK. 10 – ELEG. GEB. MK. 12. / VORRÄTIG IN ALLEN BUCHHANDLUNGEN. [Verlagssignet]
L 56 x 27
KUNSTANSTALT TH. BEYER, DRESDEN
M.r. I.V. Cissarz
1897
Inv.-Nr. 22352
Sauermann 79 – DfP III 473

91

92

93

94

91
THEODOR SCHNITZLER / DUESSELDORF / BISMARCK-STRASSE 99 / NEBEN HOTEL GERMANIA / KUNST-HANDLUNG. AUSGE-WAEHLTE / SAMMLUNG VON ORIGINAL-GEMAELDEN / ERSTER KUENSTLER.
L 98,0 x 62,0
KUNST-ANST. THEODOR BEYER. DRESDEN. [u. Signet]
Im Bildfeld l.u. J.V. Cissarz
1899
Inv.-Nr. 22264
Sauermann 69 – Redlefsen 27 – DfP III 479

92
MONNA VANNA CIGARETTES / ADLER-COMPAGNIE DRESDEN
L 57 x 48,5
KUNSTANSTALT WILHELM HOFFMANN A.-G., DRESDEN
unbez.
1899
Inv.-Nr. 25789
Sauermann 100 – DfP III 480

93
ALLHIER HOLT MAN: / ZU NEUER RENAISSANCE! / SENDSCHREIBEN VON EUGEN DIEDERICHS, BUCHHÄNDLER ZU LEIPZIG.
L 81,5 x 52
KUNST-ANST. THEODOR BEYER. DRESDEN. [Signet]
l. und r.o. ENTWURF von J.V. CISSARZ 1900
1900
Verlagsprospekt mit programmatischer Einleitung von Eugen Diederichs zu den »Monographien zur deutschen Kultur-geschichte«, Leipzig 1900
Inv.-Nr. 22265
Sauermann 78 – Redlefsen 28 – DfP III 482

94
THEOD. BEYER: KUNST-ANSTALT / DRESDEN / WINCKELMANN- / STRASSE 23.
L 63 x 91,5
unbez.
1900
Inv.-Nr. 22266
Sauermann 68 [dort anonym] – Redlefsen 29 – DfP III 483

95
CENTRAL-THEATER / ER / EIN BILD AUS DEM / PARISER LEBEN / IN 1 AKT VON / OSKAR METENIER / (DEUTSCH V. CARL LINDAU)
L 90,5 x 61
THEODOR BEYER KUNST-ANSTALT DRESDEN MERKANTILE DRUCKSACHEN MODERNE PLAKATE ... [Signet]
M.u. (seitlich des Kopfes) JC
1903 / 04
Inv.-Nr. 22267
Sauermann 65 – Redlefsen 30 – DfP III 487

95

96

97

98

Detering, Oscar
25.5.1872 *Barmen* – 6.4.1943 *Düsseldorf*
Maler für Genre, Historie und Porträt, Illustrator.
1893–1894 Studium an der KA Düsseldorf bei Heinrich Lauenstein, später bei Julius Junghanns. Von 1918–1943 Mitglied der Künstlervereinigung »Malkasten«. Einen umfassenden Werkkomplex bilden zahlreiche Arbeitsszenen der Schwerindustrie mit Schmelz-, Walz-, Press- und Schmiedeprozessen u. a. Detering schuf auch monumentale Fresken für Firmen und dekorative Wandgemälde in Düsseldorfer Privathäusern.

Lexikon der Düsseldorfer Malerschule, Bd. 1, München 1997 – Hundert Jahre Künstlerverein Malkasten Düsseldorf 1848–1948, Düsseldorf 1948, S. 53, 148, 175f. – J. Jensen / R. Jürgensen: Kiel im ersten Jahrhundert der Kieler Woche, Bd. 1: Geschichte und Malerei, Kiel 1982, S. 60 – Saur Bd. 26, S. 470f. – Bio-bib. Index Bd. 3, S. 147

96
KINDER- / HILFSTAG / STUTTGART /
1. MÄRZ 1905
L 79,5 x 59,7
ohne Druckvermerk
l.u. O. Detering DDF.
1905
Inv.-Nr. 26351

Eckener, Alexander
21.8.1870 *Flensburg* – 26.5.1944 *Abtsgmünd*
Maler, Zeichner, Lithograph, Illustrator.
1888–1892 KA München bei C. Herterich, Alexander Wagner und graphische Technik unter Johann Leonhard Raab. Enge Verbindung zur Ekensunder Künstlerkolonie;
1899 erneut Studium an der KA Stuttgart bei Graf Kalkreuth. 1905 Gründung seiner privaten Radierschule, 1908 Übernahme der Graphikklasse an der KA Stuttgart, 1912 Verleihung des Professorentitels, von 1925–1928 Leiter der KA Stuttgart.

Ellen Redlefsen: Künstlerische Produktion für breitere Schichten – über Bedeutung und Wirken des Malers Alex Eckener, in: Schleswig-Holstein 1970, S. 223–226 – Heinrich Rummel: Alex Eckener – Ein Malerleben zwischen Flensburg und Stuttgart, Flensburg 1975 – Ulrich Schulte-Wülwer: Anmerkungen zu Alex Eckeners Wirken in Flensburg, in: Kat. Alex Eckener – Verklärung oder Realität? Heimatmalerei in Zeiten gesellschaftlichen Wandels, Flensburg 1984 – SHBL Bd. 3, S. 88ff. – Ulrich Schulte-Wülwer: Malerei in Schleswig-Holstein, Heide 1989, S. 35–40 – Bio-bib. Index Bd. 3, S. 395

97 – Tafel 47
SCHLESW.-HOLSTEIN. / KUNST-GENOSSENSCHAFT / 1900 / KUNST-AUSSTELLUNG / VERLOOSUNG VON KUNSTWERKEN. / ITZEHOE 1900 / VOM 5. BIS 26. AUGUST / IM STÄNDESAAL / TÄGLICH GEÖFFNET / EINTRITTSPREISE: AN WERKTAGEN 30 PFG.; AN SONNTAGEN 20 PFG.
L 76 x 75
GRAPH. ANSTALT L. HANDORFF KIEL
M.r. A. Eckener
1900
Inv.-Nr. 25773

Edel, Edmund
10.9.1863 *Stolp / Pommern* – 4.5.1934 *Berlin*
Studium an der KA München und an der Académie Julian in Paris. Lehre als Lithograph in der Druckerei O. de Rycker in Brüssel. Seit 1892 in Berlin als Maler und Illustrator tätig. Seit 1897 Entwürfe für die Druckerei Hollerbaum & Schmidt. Ab 1914 Journalist, Romanschriftsteller, Filmregisseur.

Mit Schirm, Charme und Melone. Der Plakatkünstler Edmund Edel (1863–1934). Stiftung Pommern Kiel, bearb. von Marina Sauer, Kiel 1994 – Bio-bib. Index Bd. 3, S. 339

98
IM / SOMMER / 1901 / REISE / ABONNEMENT / BERLINER / MORGENPOST
L 137,3 x 91,9
WEYLANDT & BAUCHWITZ, BERLIN
l.u. E. Edel
1903
Der Entwurf wurde mehrere Jahre hindurch verwendet. Frühestes belegbares Datum: Juli 1900
Inv.-Nr. 22268
Redlefsen 32 – DfP III 645

99

100

101

102

Einbeck, Georg

5.1.1871 Golluschütz / Westpreußen – 21.1.1951 Luzern

Maler. Um 1898 Schüler von H. Matisse in Paris. Tätig in Dresden und Paris; 1903–1907 auf den Berliner Secesssions-ausstellungen vertreten, ebenso auf der Ausstellung des Berliner Künstlerhauses und auf den Gr. Kunstausstellungen in Dresden und den Ausstellungen des Deutschen Künstlerbundes in Weimar. 1914–1918 in der Schweiz, 1919–1920 in seinem Heimatort; entschied sich für die polnische Staatsangehörigkeit. Seit 1920 abwechselnd in Mentone und Luzern ansässig. 1918 Ehrenpreis im Kriegsanleihe-Plakatwettbewerb des Vereins der Plakatfreunde, Berlin.

TB Bd. 10, S. 422. – Bio-bib. Index Bd. 3, S. 427

99

ATELIERS FÜR MALEREI, ZEICHNEN, GRAPHISCHE KÜNSTE U. SKULPTUR / G. EINBECK, DRESDEN, BÜRGERWIESE 20. / ANMELDUNG Z.D. UNTERRICHTSKURSEN TÄGL. V. 10–11 VORM. BESICHTIGUNG DES ATELIERS SONNTAGS V. 11–1 VORM.

L 40 x 52

DRUCK G. EINBECK, DRESDEN

r.u. G E [ligiert]

Inv.-Nr. 25774

Sauermann 107

Eitner, Wilhelm Heinrich Ernst

30.8.1867 Hamburg – 28.8.1955 Hamburg

Maler, Graphiker, Gebrauchsgraphiker. Lehre als Lithograph, anschließend Besuch der Gewerbeschule Hamburg. 1887–1891 Studium KA Karlsruhe bei G. Schönleber, 1892 KA Antwerpen bei de Vriendt. Seit 1892 in Hamburg. Studienreisen nach Paris, London, Italien, Schweiz, Belgien und Dänemark. 1896 1. Preis für einen Plakatentwurf des Hamburger Kunstvereins. 1895–1910 Lehrer an der privaten Malschule Valeska Röver, später Gerda Koppel in Hamburg. Mitglied des Hamburger Künstler-Clubs.

Volker Detlef Heydorn: Maler in Hamburg, Bd. 1, Hamburg 1974 – Carsen Meyer-Tönnesmann: Der Hamburgische Künstlerclub von 1897, Hamburg 1985 – Anne-Gabriele Ther: Ernst Eitner. 1867–1955 und die Zeit des Hamburgischen Künstlerclubs von 1897, Hamburg 1997 – Bio-bib. Index Bd. 3, S. 432

100 – Tafel 48

FLENSBURG / IM / KUNSTGEWERBE-MUSEUM / VOM 15. SEPTBR. BIS 9. OKTBR. / TÄGLICH GEÖFFNET / VON 10 BIS 4 UHR. / SCHLESWIG-HOLSTEINISCHE / KUNSTGENOSSENSCHAFT / AUSSTELLUNG 1910 / SANCT LUCAS / VERLOSUNG VON KUNSTWERKEN

L 64 x 43,5

KUNSTANSTALT CONR. MÜLLER, KIEL

Im Bildfeld m.u. E. Eitner

1910

Inv.-Nr. 22353

DfP III 738

Fenker, F.

Lebensdaten unbekannt

101

UNTER DEM / PROTEKTORAT / SEINER KÖNIGLICH. HOHEIT / DES ERBGROSS-HERZOGS / FRIEDRICH VON BADEN / ELEKTRISCHE AUSSTELLUNG KARLSRUHE / MIT BESONDERER BERÜCKSICHTIGUNG DES / KLEINGEWERBES UND DER HAUSHALTUNG, / VERANSTALTET MIT UNTERSTÜTZUNG DER STADTGEMEINDE / VOM GEWERBEVEREIN KARLSRUHE / ... 1. SEPTEMBER BIS MITTE OCTOBER 1895 ...
[auf dem Wappen:] FIDELITAS

L 93,5 x 63

KUNST-ANST. L. GEISSENDÖRFER, KARLSRUHE

l.u. F Fenker [FF ligiert]

1895

Inv.-Nr. 22269

Redlefsen 35 – DfP III 881

Fischer, Otto

2.7.1870 Leipzig – 23.3.1947 Dresden

Maler (Landschaften, dekorative Arbeiten), Lithograph, Radierer, Entwurfszeichner für Kunstgewerbe (Vignetten, Zierleisten, Möbel, Schmuck und Frauenkleidung).
Studium KA Dresden bei E. Oehme, F. Preller d. J. und H. Prell; als Radierer Schüler von K. Starke. 1892–1893 Reise nach Holland. Seit 1895 Mitarbeiter des »Pan«, der »Zeitschrift für bildende Kunst« und der Zeitschrift »Die graphischen Künste«. Seit 1907 Teilnahme an Ausstellungen im In- und Ausland.

103 104 105

Die Motive und Zyklen, die er veröffentlichte, knüpften sich an seine Studienaufenthalte an: Hessen (1894), Rügen (1894, 1895, 1897 und 1900), Bornholm (1901), Riesengebirge (1901–1908), Hamburg (1905, 1906) u. a. Seit 1913 in Dresden ansässig. 1914 Verleihung des Professorentitels anlässlich des Dresdner Akademiejubiläums.

Hans Wolfgang Singer: Otto Fischer, Düsseldorf 1909 – Otto Fischer. Sonderausstellung, hrsg. vom Sächsischen Kunstverein zu Dresden Brühlsche Terrasse, Dresden 1931 – Bio-bib. Index Bd. 3, S. 679

102

KUNST-ANSTALT / FUER MODERNE / PLAKATE / WILHELM / HOFFMANN / KUNST-ANSTALT A.-G. / DRESDEN
L 92 x 59
DRUCK VON WILHELM HOFFMANN KUNST-ANSTALT A-G DRESDEN
r.u. Otto Fischer 1896
1896
Inv.-Nr. 22270
Sauermann 91 – Redlefsen 36 – DfP III 908

Goller, Josef

25.1.1865 Dachau – 29.5.1947 Ober-Menzing

Maler, Graphiker, Plakatkünstler. Lehre als Glasmaler an der Hofkunstanstalt Meyer in München. Ab 1887 in Zittau als Geselle bei Türke & Schlein tätig. Seit 1890–1896 künstlerischer Leiter der Anstalt für Glasmalerei Bruno Urban in Dresden, gleichzeitig selbstständiger Entwurfszeichner für Kunstverglasung. 1906 Berufung an die KGS Dresden als Lehrer und bis 1928 Leiter der neugegründeten Abteilung Glasmalerei, Professur.
Ab 1898 künstlerischer Mitarbeiter der Dresdner Werkstätten.

Klaus-Peter Arnold: Vom Sofakissen zum Städtebau. Die Geschichte der Deutschen Werkstätten und der Gartenstadt Hellerau, Dresden / Basel 1993, S. 415 – Bio-bib. Index Bd. 4, S. 258

103 – Tafel 62

CENTRAL-THEATER / FASCHINGS-REDOUTE / FREITAG DEN 7. FEBRUAR 1902, ABENDS 8 UHR.
L 63,5 x 96
THEODOR BEYER KUNST-ANSTALT DRESDEN [Signet]
r.u. Jos. Goller
1902
Inv.-Nr. 22271
Sauermann 70 – Redlefsen 39 – DfP III 1087

Gussmann, Otto

22.5.1869 Wachbach bei Mergentheim – 27.7.1926 Dresden

Maler, Graphiker und Entwerfer für Kunstgewerbe. Studium an der KGS Stuttgart, an der KGS Berlin bei M. Koch und an der KA Berlin bei J. Scheurenberg. 1897 Berufung zum Professor an die KA Dresden als Leiter der Ornamentklasse, die 1910 zum Meisteratelier für dekorative Malerei erhoben wurde. Ebenso übernahm Gussmann zahlreiche Monumentalaufträge (Deckengemälde und Glasfenster der Lukaskirche, Dresden; Ausmalung der Christuskirche, Dresden-Strehlen; Triumphbogen der Kirche von Hainsberg / Sachsen; Kuppelhalle des Neuen Rathauses, Dresden u. a.)

Otto Gussmann 1869–1926, Städtische Galerie Albstadt, Albstadt 1992 – Bio-bib. Index Bd. 4, S. 460

104

GROSSE / KUNST- / AUSSTELLUNG / DRESDEN 1904 / I. MAI – ENDE OKTOBER / GREAT EXHIBITION OF FINE ARTS / GRANDE EXPOSITION DES BEAUX-ARTS
L 95 x 65
KUNSTANSTALT WILHELM HOFFMANN A.-G., DRESDEN
Im Bildfeld r.u. G
1904
Inv.-Nr. 25797
Sauermann 103 – DfP III 1129

105 – Tafel 45

DRITTE DEUTSCHE / KUNST-GEWERBE- / AUSSTELLUNG / DRESDEN / MAI – OKT. / 1906
L 88,5 x 58
KUNSTANSTALT WILHELM HOFFMANN, A.-G. DRESDEN
r.u. G
1906
Inv.-Nr. 22359
DfP III 1130

106

107

108

109

110

Gysis, Nikolaus

1.3.1842 Sklavohory auf Tinos / Griechenland – 4.1.1901 München

Maler. 1854–1861 Studium am Polytechnikum in Athen, 1865–1871 an der KA München bei A. Wagner und H. Anschütz, ab 1868 bei K. Piloty. 1872 in Athen, 1873 Studienreise nach Kleinasien. Seit 1874 in München tätig, seit 1888 Lehrauftrag an der KA.

Konstantinos Didaskalou: Genre- und allegorische Malerei von Nikolaus Gysis, Diss. München 1991 – Bio-bib. Index Bd. 4, S. 474

106

MÜNCHEN 1896 / JAHRESAUSSTELLUNG / VON KUNSTWERKEN ALLER / NATIONEN / IM KGL. GLASPALASTE. / VERANSTALTET VON DER MÜNCHENER KÜNSTLER-GENOSSENSCHAFT / 1. JUNI – ENDE OKTOBER TÄGLICH GEÖFFNET

L und Hd 115 x 61,5

DRUCK V. E. MÜHLTHALER'S K. HOF-BUCHDRUCKEREI, MÜNCHEN.

AUTOTYPIE V. MEISENBACH RIFFARTH & CIE, MÜNCHEN

1896

Das Plakat wurde erstmals 1892 gedruckt und mit Ausnahme der Jahre 1897 und 1901 immer wieder verwendet.

Inv.-Nr. 22272

Sauermann 117 – Redlefsen 43 – DfP III 1135

Holtz, Johann

2.3.1875 Tondern – 28.6.1944 Flensburg

Maler, Buchillustrator, Graphiker, Holzschneider. Während seiner Schulzeit in Flensburg Zeichenunterricht bei dem Maler Jacob Nöbbe, anschließend auf Drängen des Vaters von 1891–1895 Absolvierung einer Malerlehre. Schließlich Besuch der KGS Karlsruhe und Berlin, dann Académie Julian, Paris. Nach Tätigkeiten als Zeichner in kunstgewerblichen Betrieben, wie der Fa. Georg Hulbe in Hamburg (1899) und in der Kgl. Hofbuchbinderei W. Collin in Berlin (1901), seit 1904 mit eigenem Atelier selbstständig arbeitend. Holtz schuf bes. Holzschnitte und Illustrationen für den Schleswig-Holsteinischen Heimatkalender und Entwürfe fürs Buchgewerbe.

TB Bd. 17, S. 406 – Paul Zubek: Johann Holtz. Ausstellung zum 100. Geburtstag. Schleswig-Holsteinisches Landesmuseum Schloß Gottorf, Schleswig 1975 – Bio-bib. Index Bd. 5, S. 50 – Ariane Skora: Johann Holtz (1875–1944). Ein Flensburger Graphiker und Schriftkünstler im Spiegel seiner Zeit, Magisterarbeit Kiel 1999

107 – Tafel 61

WALTER SCHÖN / GROTESK KOMIKER

L 69,5 x 49

DRUCK VON AUG. WESTFALEN, FLENSBURG

M.u. Joh Holtz

Inv.-Nr. 25812

108 – Tafel 44

SCHLESWIG-HOLSTEINISCHE / KUNSTGENOSSENSCHAFT / 5. WANDER-AUSSTELLUNG. 1913

L 63 x 43

DRUCK VON L. HANDORFF, KIEL

r.u. Holtz

1913

Inv.-Nr. 26265

Hosse, Adolf

26.7.1875 – Anfang 1958 Hammelburg, Unterfranken

Maler, Graphiker. 1894–1897 KA Düsseldorf bei P. Janssen und A. Kampf und KA München. Tätig in Düsseldorf und Rothenburg. Begann als Pferdemaler, später vor allem Genredarstellungen, häufig mit Motiven aus Rothenburg.

Bio-bib. Index Bd. 5, S. 80

109

GROSSE ROTHENBURGER / GELD-LOTTERIE / ZIEHUNG ... 1913 /...

L 91 x 60,5

A. MOLLING & COMP. K.G. HANNOVER-BERLIN

M.r. Adolf Hosse Rothenburg / Tbr.

1913

Inv.-Nr. 223561)

DfP III 1497

Jank, Angelo

30.10.1868 München – 9.10.1940 München

Maler (Pferdedarstellungen), Illustrator. 1891–1896 Studium KA München bei Hollosy, Löfftz und Höcker. 1895 Mitglied der »Scholle«, 1899–1907 Lehrer an der Damenakademie München, seit 1907 an der KA München, Mitarbeiter der »Jugend«.

Bio-bib. Index Bd. 5, S. 259

110

MÜNCHNER ILLUSTR. WOCHENSCHRIFT / FÜR KUNST & LEBEN / JUGEND / QUARTAL M.3 – NUMMER 30PF. / ZU BEZIEHEN DURCH / ALLE BUCHHANDLUNGEN,

111 112 113 114

POSTÄMTER / UND ZEITUNGSVERKÄUFER.
L 59 x 30
G. HIRTH'S VERLAG MÜNCHEN
Im Bildfeld r.u. Jank 97
1897
Inv.-Nr. 22273
Sauermann 31 – Redlefsen 51 – DfP III 1538

Klimsch, Karl
Geb. 15.1.1867 Frankfurt a. M.
Maler und Graphiker. Studium KA München bei Gabriel Hackl. 1887 Schüler von F. Keller in Karlsruhe und 1888 – 1893 bei Max Thedy in Weimar. 1894 / 95 in Frankfurt a. M., dann Übersiedlung nach Berlin. 2. Preis für ein Plakat der Großen Berliner Kunstausst. 1902. Seit 1909 Lehrer an der Malerei-Klasse der Schule Reimann.
Bio-bib. Index Bd. 5, S. 573

111
ENGELHORN'S / ALLGEMEINE / ROMAN-BIBLIOTHEK
Hd 74 x 48,5
DRUCK DER UNION DEUTSCHE VERLAGSGESELLSCHAFT IN STUTTGART. VERLAG / VON J. ENGELHORN IN STUTTGART.
A. SCHULER, CHEMIGR. KUNSTANSTALT IN STUTTGART.
M.l. K. Klimsch
vor 1899
Inv.-Nr. 22274
Redlefsen 52 – DfP III 1623

Lange, Otto (genannt Ottolange)
29.10.1879 Dresden – 19.12.1944 Dresden
Maler, Graphiker, Kunstgewerbler.
Nach praktischer Lehre als Dekorationsmaler Studium an der KGS und KA Dresden bei O. Gussmann. 1915 – 1919 Lehrer an der Staatl. KGS Bromberg. Seit 1919 Dresden, dort Mitbegründer der Secession. 1924 Mitglied des KA-Rates in Sachsen. Seit 1925 Prof. an der Staatl. Kunstschule für Textilindustrie in Plauen. Gedächtnis-Ausst. 1948 in Dresden.
Otto Lange. 1879 – 1944, Aquarelle, Holzschnitte, Radierungen, Lithographien, hrsg. von Georg Reinhardt, Albstadt 1983 – Bio-bib. Index Bd. 6, S. 55

112 – Tafel 66
OPTIMOL / IST DAS BESTE MUNDWASSER DER GEGENWART.
[auf der Zeitung:] OPTIMOL / IST DAS BESTE FÜR / MUND UND ZÄHNE
L 72 x 49,5
KUNSTANSTALT WILHELM HOFFMANN A.G., DRESDEN
l.u. O [mit einbeschriebenem] L
vor 1904
Inv.-Nr. 22280
Sauermann 83 – Redlefsen 71 – DfP III 1945

Lassen, Käte
7.2.1880 Flensburg – 22.12.1956 Flensburg
Malerin, Graphikerin. 1897 Zeichenunterricht an der Hamburger Gewerbeschule, seit Winter 1898 / 99 Studium an der Münchner Damenakademie unter Angelo Jank, Maximillian Dasio und Ludwig Schmidt-Reutte, 1902 – 1904 Privatunterricht bei dem Freilichtmaler Hugo van Habermann; 1904 Rückkehr nach Flensburg, dort zeitlebens – von Reisen und Aufenthalten in Jütland abgesehen – tätig.
Ulrike Wolff-Thomsen: Lexikon schleswig-holsteinischer Künstlerinnen, hrsg. vom Städtischen Museum Flensburg, Heide 1994, S. 185ff. – Rendez-vous Paris. Schleswig-holsteinische und finnische Künstlerinnen um 1900, bearb. von Riitta Konttinen / Ulrike Wolff-Thomsen, Heide 1997, S. 99 – 117 – Bio-bib. Index Bd. 6, S. 85

113 – Tafel 67
SYLTER DÜNENBAHN / WESTERLAND – / LIST / WENNINGSTEDT – / KAMPEN / DIREKTION – SYLTER – DAMPFSPURBAHN
L 89,5 x 57,5
ZEICHNUNG VON K. LASSEN FLENSBURG / DRUCK VON F.W. KÄHLER ERBEN, HAMBURG
Im Bildfeld r.u. KL [ligiert]
1908
Inv.-Nr. 22361

114
REIT- UND FAHR-TURNIER / 4./5. JULI / FLENSBURG
L 79 x 59,2
AUG. WESTFALEN, FLENSBURG
u.r. Käte Lassen
Inv.-Nr. 26535

115

116

117

118

119

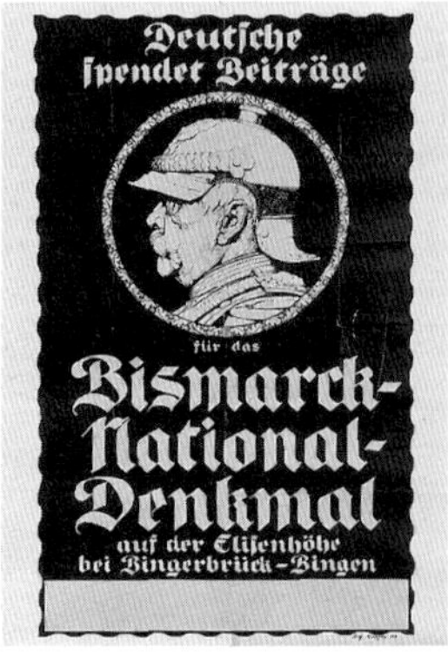

Lechter, Melchior
2.10.1865 *Münster (Westfalen)* – 8.10.1937 *Raron (Schweiz)*
Maler, Glasmaler, Graphiker, Entwurfszeichner für Kunstgewerbe und Raumausstattungen, Buchkünstler, Schriftsteller.
1879 Lehre in der Glasmalereiwerkstatt von der Forst in Münster. 1883 Übersiedlung nach Berlin. 1884 Studium KA Berlin. 1895 Beginn der Freundschaft mit Stefan George, dessen Bücher er bis 1907 ausstattete. Mitarbeit an den von George herausgegebenen Blättern für die Kunst (Berlin 1897ff.). 1900 Grand Prix für den Pallenberg-Saal auf der Pariser Weltausstellung. 1901 Reise in die Toskana und nach Umbrien. 1909 Gründung der »Einhorn-Presse«. 1910–1911 Reise nach Indien.
Als Maler von den englischen Präraffaeliten, als Buchkünstler von Morris beeinflusst.

Wolfgang Raub: Melchior Lechter als Buchkünstler. Darstellung, Werkverzeichnis, Bibliographie, Köln 1969 – Peter Kallen: Lust tiefer noch als Herzensleid. Der Pallenberg-Saal von Melchior Lechter, in: Weltkunst 53, 1983, H. 18, S. 2394 – Jürgen Krause: Melchior Lechters Pallenberg-Saal für das Kölner Kunstgewerbemuseum, in: Wallraf-Richartz-Jahrbuch 45, 1985, S. 203–230 – Melchior Lechter, der Meister des Buches, 1865–1937. Eine Kunst für und wider Stefan George, Amsterdam 1987 – Melchior Lechter. 1865–1937. Buchkunst, Malerei, Dekor, Westfälisches Landesmuseum für Kunst und Kulturgeschichte Münster, Münster 1988 – Hans-Dieter Erbsmehl: Kulturkritik und Gegenästhetik: Zur Bedeutung Friedrich Nietzsches für die bildende Kunst in Deutschland 1892–1918, Diss. Los Angeles 1993, S. 186–238 – Bio-bib. Index Bd. 6, S. 139

115
GROSSE BERLINER / KUNSTAUSSTELLUNG / 1897. / VOM 1TEN MAI / BIS 26TEN SEPTEMBER.
Für die im Moabiter Ausstellungsgebäude veranstaltete Kunstausstellung
L 63 x 43,5
BUCHDRUCK. OTTO v. HOLTEN; BERLIN C.
M.u. Melchior Lechter
1897
Inv.-Nr. 22275
Sauermann 12 – Redlefsen 54 – DfP III 1960

Leopold, Moritz
Lebensdaten unbekannt

116
DRESDEN / 1903 / DEUTSCHE / STÄDTE-AUSSTELLUNG / VOM 20. MAI – ENDE SEPTEMBER
L 94,5 x 65
C.C. MEINHOLD & SÖHNE, DRESDEN
Im Bildfeld r.u. Moritz Leopold
1903
Inv.-Nr. 22276
Sauermann 14 – Redlefsen 56 – DfP III 2005

Liesen, Eduard
Geb. 1866 in Berlin
Maler und Zeichner. Studium KGS Berlin. 1896 Mitglied des Vereins für deutsches Kunstgewerbe Berlin. Lehrer an der Handwerkerschule Berlin. Buchumschläge für die Verlage Elsner, Gurlitt, v. Holten, Seemann und andere gebrauchsgraphische Arbeiten.
DfP III, S. 178

117
GROSSE BERLINER / KUNST / AUSSTELLUNG / 1898 / VOM 29. APRIL BIS 16. OKTOB.
Für die im Moabiter Ausstellungsgebäude veranstaltete Kunstausstellung
Hd 64,5 x 44,5
Buchdruck: OTTO v. HOLTEN, BERLIN C., NEUE GRÜNSTR. 13.
M.u. Ed. Liesen
1898
Inv.-Nr. 22277
Redlefsen 57 – DfP III 2015

Müller-Breslau, Georg
5.9.1856 *Breslau* – 20.10.1911 *Schmiedeberg (Schlesien)*
Landschafts- und Figurenmaler, Graphiker, Kunstgewerbler. Zuerst Ausbildung bei A. Dreßler in Breslau, danach Studium KA Berlin bei K. Gussow. 1883–1885 Aufenthalt in München. 1885–1892 in Berlin tätig, seit 1892 in Loschwitz bei Dresden ansässig. Seine frühen Plakate stehen den amerikanischen Chapbook-Plakaten von William H. Bradley nahe.
DfP III, S. 201 – Bio-bib. Index Bd. 7, S. 192

118
VEREIN ZUR FOERDERUNG / DRESDENS UND DES FREMDEN- / VERKEHRS / UNENTGELTLICHER / NACHWEIS FÜR ALLE FREM- / DEN ÜBER HOTELS, WOHNUNGEN / SCHULEN USW. / AUSKUNFT JEDER ART. / BUREAU GEORG-PLATZ 1 I. / TOUS LES RENSEIGNE- / MENTS NECESSAIRES / SERONT DONNES GRATUITEMENT / AUX ETRANGERS. / ALL INFORMARTION NECESSARY / IS GIVEN FREE OF CHARGE / TO STRANGERS.
L 50 x 36
WILHELM HOFFMANN, DRESDEN.
r.u. G. Müller-Breslau 1897
1897
Inv.-Nr. 25788
Sauermann 81 – DfP III 2299

Münger, Adolf
Lebensdaten unbekannt

119
DEUTSCHE / SPENDET BEITRÄGE / FÜR DAS / BISMARCK-NATIONAL-DENKMAL / AUF DER ELISENHÖHE / BEI BINGERBRÜCK-BINGEN
L 120 x 80
MEISENBACH RIFFARTH & Co., Berlin-Schöneberg
r.u. Adolf Münger 1910
1910
Inv.-Nr. 26524

Nach Munkácsy, Mihály von
Eigentlich Michael Lieb, 20.2.1844 Munkács, heute Mukachevo / Ukraine – 1.5.1900 Endenich
Ungarischer Maler. 1864 Studium an der KA Wien, Freundschaft mit László Paál und János Jankó. Weitere Studienaufenthalte in München (1866–1868) und Düsseldorf (1868–1871), seit 1871 in Paris ansässig.
Nóra Aradi: Munkácsy, Mihály, in: Dictionary of Art, ed. by Jane Turner, London 1996, Bd. 22, S. 310f.

120
»ECCE HOMO«
Für die Ausstellung des Kolossalgemäldes »Ecce Homo« von Mihály Munkácsy in der Berliner Akademie
L 2 Teilen 105 x 129
WILHELM HOFFMANN, DRESDEN.
unbez.
1897
Inv.-Nr. 25785
DfP III 2320

Niestlé, Henry
13.11.1876 Neuchâtel (Schweiz) – 1966 Dachau
Schweizerisch-deutscher Maler, Graphiker und Plakatzeichner. Bruder des Malers Jean Bloé Niestlé. 1893–1897 Lithograph in Zürich, 1897/98 Ausbildung an KGS Karlsruhe. Bis 1907 als Graphiker in Nürnberg tätig, seit 1908 als Maler in München. Seit 1917 Mitglied der Münchner Secession.
DfP III, S. 209 – Bio-bib. Index Bd. 7, S. 330

121 – Tafel 58
SECT / SÖHNLEIN [im Bildfeld:] RHEINGOLD [auf der Flasche:] RHEINGOLD
L 97 x 47,5
ohne Druckvermerk
M.u. Niestlé
um 1901
Inv.-Nr. 22345
Redlefsen 78 – DfP III 2392

122
SECT / SÖHNLEIN / KAISER-MARKE
[auf der Flasche:] SÖHNLEIN & CO.
L 84,5 x 48,5
ohne Druckvermerk
r.u. Niestlé
um 1901
Inv.-Nr. 22344
Redlefsen 77 – DfP III 2393

Nisle, H.
Gest. 1902
Ornamentzeichner der »Jugend«. Tätig in München.
DfP III, S. 210

123
SONDER-DRUCKE / AUS DER / MÜNCHNER / »JUGEND« / VERLAG DER »JUGEND« MÜNCHEN
Hd 49,5 x 37,5
r.u. H. Nisle.
Inv.-Nr. 22354b
DfP III 2397

124

125

126

127

128

Nissen, Momme

26.4.1870 *Deezbüll (Nordfriesland)* – 23.6.1943 *Ilanz (Schweiz)*
Maler, Plakatzeichner, Kunstschriftsteller und Kunstkritiker, Dominikanermönch und Priester. Zuerst Lehre bei seinem Onkel, dem Heimatmaler C. L. Jessen, 1886–1889 Studium an der Kunstschule Weimar bei L. Graf v. Kalkreuth, M. M. Thedy und Th. J. Hagen. 1890–1894 in München, Paris, später Madrid. Seit 1896 in Hamburg tätig. Mitbegründer und Redakteur der Zeitschrift »Der Lotse«. 1891 erste Begegnung mit Julius Langbehn, dem »Rembrandtdeutschen«, dessen Jünger, Vertrauter und Sekretär er seit 1893 war. 1916 Eintritt in den Dominikanerorden.
SHBL Bd. 3, S. 199f. – Bio-bib. Index Bd. 7, S. 345

124

DER / LOTSE / HAMBURGISCHE WOCHENSCHRIFT / FÜR DEUTSCHE KULTUR / REDIGIERT VON CARL MÖNCKEBERG UND DR. SIEGFRIED HECKSCHER / VERLAG VON ALFRED JANSSEN IN HAMBURG / JÄHRICH 52 HEFTE. VIERTELJÄHRLICH 5 MARK. EIN EINZELNES HEFT 50 PFG. / ERSCHEINT VOM 1. OKT. 1900 AN ZU BEZIEHEN DURCH DIE BUCHHANDLUNGEN.
L 63 x 43
Im Bildfeld r.u. MO NI
1900
Inv.-Nr. 22283
Redlefsen 80 – DfP III 2398

125 – Tafel 42

SCHLESWIG'SCHE KUNSTAUSSTELLUNG / ZU FLENSBURG VOM 15. JUNI BIS 15. AUG. 1901 [im Rahmen:] 1644 ALT-SYLTERIN
L 90,5 x 69
DRUCKEREI RICHTER A.G. in HAMBURG V. 01.6323.
r.u. Momme Nissen
1901
Inv.-Nr. 22282
Redlefsen 79 – DfP III 2399

Olbrich, Joseph Maria

22.12.1867 *Opava (Troppau)* – 8.8.1908 *Düsseldorf*
Architekt, Maler, Graphiker, Kunstgewerbler. 1882–1886 Besuch der Staatsgewerbeschule Wien. 1890–1893 Studium KA Wien bei Baron C. v. Hasenauer. 1893 Rompreis und Reisen nach Italien und Nordafrika. 1894–1899 als Zeichner bei dem Architekten Otto Wagner tätig. 1897 Mitbegründer der Wiener Secession. Durch den Großherzog von Hessen 1899 Berufung an die Künstlerkolonie Mathildenhöhe in Darmstadt. 1903 Mitbegründer des Bundes Deutscher Architekten (BDA). 1907 Übersiedlung nach Düsseldorf, Beibehaltung des Ateliers in Darmstadt. Mitbegründer des Deutschen Werkbundes 1907. Der zeichnerische Nachlass, der rund 28000 Blätter umfasst, wird in der Bibliothek des Kunstgewerbemuseums Berlin aufbewahrt.

DfP III, S. 212 – Joseph M. Olbrich. 1867–1908, Mathildenhöhe Darmstadt, red. von Bernd Krimmel, Darmstadt 1983 – Ian Latham: Joseph Maria Olbrich, Stuttgart 1997 – Bio-bib. Index Bd. 7, S. 431

126 – Tafel 43

D / 1901 / UNTER DEM ALLERHÖCHSTEN PROTECTORATE / SR KÖNIGL HOHEIT DES GROSSHERZOGS VON HESSEN / EIN DOKUMENT DEUTSCHER KUNST / DARMSTADT / MAI – OKTOBER 1901 / DIE AUSSTELLUNG DER / KÜNSTLER-KOLONIE
Ansicht des Ernst-Ludwig-Hauses auf der Mathildenhöhe
L 79 x 45,5
HOFDRUCKEREI H. HOHMANN DARMSTADT
M.r. Olbrich
1901
Inv.-Nr. 22284
Sauermann 127 – Redlefsen 81 – DfP III 2431

Raders, Ludwig

19.2.1868 *Frankfurt a. M.* – 1.5.1899 *Schömberg*
Maler, Graphiker. Studium KA München bei W. v. Diez.
DfP III, S. 229 – Bio-bib. Index Bd. 8, S. 216

127

MÜNCHNER ILLUSTR. WOCHENSCHRIFT / FÜR KUNST & LEBEN / JUGEND / ...
L 59 x 30
G. HIRTH'S VERLAG IN MÜNCHEN.
Im Bildfeld r.u. Ludwig Raders
1897/98
Inv.-Nr. 22285a
Sauermann 29 – Redlefsen 87 – DfP III 2620

129

130

131

Rehm, Friedrich (Fritz)
19.4.1871 *München* – 5.10.1928 *Lichtenfels*
Studium an den KA in Leipzig, Karlsruhe, Berlin und München. Seit 1909 in Leipzig tätig. Entwürfe zu Bühnenausstattungen, Buchumschlägen und Plakaten. Mitarbeiter der »Jugend«.
Bio-bib. Index Bd. 8, S. 294

128
DER KENNER. / CIGARETTEN LAFERME / DRESDEN / PREISGEKRÖNTES ORIGINAL AUS DER PLAKAT-CONCURRENZ DER KUNST-ANSTALT GRIMME & HEMPEL ACT. GES. LEIPZIG. [auf der Schachtel:] COMPAGNIE / LAFERME / CIGARETTEN / TÜRKISCHE RAUCHTABAKE
L 80 x 52
unbez.
1896
Inv.-Nr. 22286
Sauermann 11 – Redlefsen 89 – DfP III 2637

Reiss, Fritz
19.3.1857 *Düsseldorf* – 1916 *Freiburg i. Breisgau*
Maler, Zeichner, Illustrator. Studium an der KA Düsseldorf bei H. Müller und M. Lauenstein, bis 1878 in Düsseldorf. Danach Aufenthalt in Stuttgart, Lahr, Karlsruhe, Freiburg i. Breisgau und ab 1908 in Kirchzarten.
1886–1892 in Leipzig Mitarbeiter der Leipziger »Illustrierten Zeitung«.
DfP III, S. 234 – Bio-bib. Index Bd. 8, S. 317

129
HIER ABONNIERT MAN AUF: / DIE / GARTENLAUBE / ILLUSTRIERTES FAMILIENBLATT / LEIPZIG / VERLAG VON / ERNST KEIL'S / NACHFOLGER G.M.B.H. / DER IM JANUAR BEGINNENDE JAHRGANG WIRD ERÖFFNET MIT DEN ERZÄHLENDEN WERKEN: / »IM WASSERWINKEL« VON W. HEIMBURG / »DER SCHUTZENGEL« VON PAUL HEYSE. / ZU BEZIEHEN IN WOCHENNUMMERN 1 MARK 75 PFENNIG. / AUCH IN JÄHRLICH 28 HALBHEFTEN ZU 25 PFENNIG ODER IN 14 HEFTEN ZU 50 PFENNIG.
Hd 89,5 x 62
DRUCK DER UNION DEUTSCHE VERLAGS-GESELLSCHAFT IN STUTTGART.
M.r. F. Reiss Frbg.
1900
Inv.-Nr. 22288
Redlefsen 91 – DfP III 2668

130
FARBIG ILLUSTRIERTE WOCHENSCHRIFT / FÜR HUMOR UND KUNST. / MEGGENDORFER BLÄTTER. / PREIS PRO QUARTAL (13 NUMMERN) M. 3.–
L 18,5 x 38
DRUCK UND VERLAG VON J. F. SCHREIBER IN ESSLINGEN BEI STUTTGART
M.r. F. Reiss
nach 1903
Inv.-Nr. 22287
Redlefsen 90 – DfP III 2669

Sattler, Joseph
26.7.1867 *Schrobenhausen / Bayern* – 12.5.1931 *München*
Graphiker, Illustrator. 1886–1891 Studium KA München bei Gysis u.a. 1891 Lehrer an der KGS Straßburg. 1895–1904 in Berlin, 1904–1918 Straßburg, später in München ansässig. Mitarbeiter des »Pan«.

Die Krisis im Kunstgewerbe, hg. von R. Graul, Leipzig 1901, S. 210f. – H. Loubier: Die neue deutsche Buchkunst, Stuttgart 1921, S. 24ff. – TB Bd. 29, S. 487 – T. Knorr: Josef Sattler. Sein Leben und seine Kunst, in: Elsaß-Lothringen, Jahrbuch 11, 1932, S. 279–308 – Ludwig Hollweck / Hanns Schultes: Joseph Kaspar Sattler. Ein Wegbereiter des Jugendstils, Pfaffenhofen 1988 – Bio-bib. Index Bd. 8, S. 711

131
PAN / 1895-6
Für die bibliophile Kunstzeitschrift »Pan«, hrsg. von der Genossenschaft Pan, Berlin
L 33,5 x 26
KUNSTANSTALT VON ALBERT FRITSCH, BERLIN W.
l.u. J S [Künstlerzeichen]
1895
Inv.-Nr. 22289
Sauermann o.Nr. – Redlefsen 94 – DfP III 2791

132

133

134

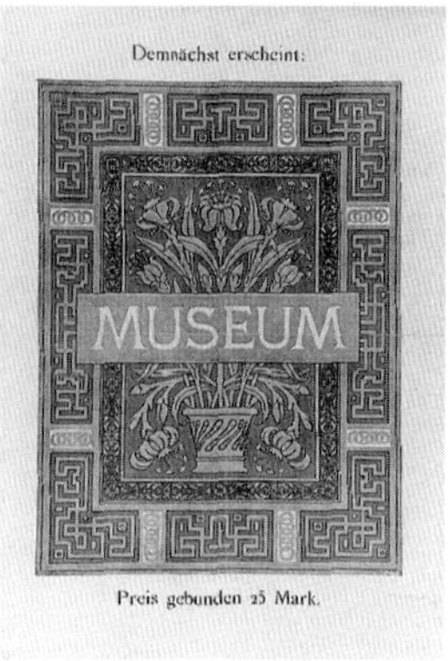

Schaupp, Richard

17.11.1871 St. Gallen – 15.10.1954 St. Gallen

Maler, Graphiker, Illustrator. Studium KA München bei Raupp, Lindenschmit und W. v. Diez. 1894/95 in Paris bei J.-P. Laurent. In den Jahren 1900–1902 in Brienzwiler, 1902–1904 in Innertkirchen und von 1905–1940 in München tätig. 1940 Rückkehr in die Schweiz, seitdem in St. Gallen ansässig. Schuf auch zahlreiche Fresken und Glasfenster für Kirchen und öffentliche Bauten in Bayern und in der Schweiz.

DfP III, S. 246 – Künstlerlexikon der Schweiz. XX. Jahrhundert, red. von Hans-Christoph von Tavel, Frauenfeld 1963–1967, Bd. 2, S. 840f. – Bio-bib. Index Bd. 8, S. 749

132

IM KAMPF UM SÜDAFRIKA / 1. LEBENSERINNERUNGEN DES PRÄSIDENTEN KRÜGER / VON IHM SELBST ERZÄHLT. GEB. 6 MARK / 2. DIE TRANSVAALER IM KRIEG VON GENERAL BEN VILJOEN / GEB. 8 MARK. / 3. PRÄSIDENT STEIJN UND DIE FREISTAATER IM KRIEG / VON F. ROMPEL & J. D. KESTELL / GEB. 8 MARK / 4. DER KAMPF DER BUREN IN DER KAPKOLONIE / VON A. DE WET. H. V. DOORNIK 8. GENERAL. SMUITS / GEB. 6. MARK / ALLE BÄNDE ERSCHEINEN IN / 48 LIEFERUNGEN ZU JE 59 PF. / J. F. LEHMANN'S VERLAG IN MÜNCHEN. / ZU BEZIEHEN DURCH ALLE BUCHHANDLUNGEN.

L 80 x 105,5

LITH. KUNSTANSTALT F. REICHHOLD IN MÜNCHEN

Im Bildfeld M.l. Schaupp

Nach 1902

Inv.-Nr. 25781

DfP III 2812 [andere Variante]

Schmidt, Carl

18.3.1861 Leipzig – vor 1907

Maler. Studium KGS und KA Leipzig, seit 1886 KA Berlin bei C. G. Hellquist. Seit 1890 Mitglied der Dresdner Sezession. 1893 Studienaufenthalt an der Académie Julian, Paris. Seit 1897 Preisträger in größeren Plakat-Konkurrenzen. Seit 1900 in Dresden tätig.

Die Kunstakademie und Kunstgewerbeschule in Leipzig, Festschrift, Leipzig 1890, S. 40 – Deutsche Kunst und Dekoration 1, 1897/98, S. 67, 115 – TB Bd. 30, S. 157 – DfP III, S. 256 – Bio-bib. Index Bd. 9, S. 26

133

SÄCHSISCH- / THÜRINGISCHE / AUSSTELLUNG / LEIPZIG 1897. / IN- / DUST- / RIE / GE- / WER- / BE

L 90 x 60

LEIPZIG GIESECKE & DEVRIENT BERLIN.

M.r. CARL SCHMIDT

1897

Inv.-Nr. 22290

Sauermann 63 – Redlefsen 95 – DfP III 2919

Schuler, A.

Lebensdaten unbekannt

134

DEMNÄCHST ERSCHEINT: / MUSEUM / PREIS GEBUNDEN 25 MARK. /

Für die von Richard Graul und Richard Stettiner herausgegebene, im Verlag W. Spemann, Berlin und Stuttgart, 1896–1906 erschienene Zeitschrift

Hd 40,5 x 26

Im Bildfeld r.u. A. Schuler chm.

Inv.-Nr. 22354c

DfP III 3005

135

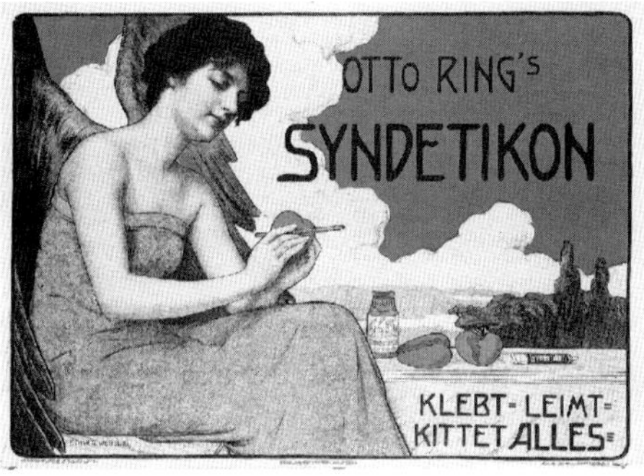

136

137

Schultz-Wettel, Fernand Fred Xaver
6.8.1872 oder 1876 Mülhausen / Elsass – 10.1.1957 Ober-Ehnheim
Maler, Illustrator und Gebrauchsgraphiker. Schüler der KA Berlin (1890 / 93) und der Académie Julian, Paris (1893 / 97 bei A. W. Bouguereau, Verrier, Lefebvre). Illustrationen für »Tausendundeine Nacht« und »Casanova«. Bis in die zwanziger Jahre in Berlin, danach in Ober-Ehnheim im Elsass tätig.
DfP III, S. 265 – Bio-bib. Index Bd. 9, S. 89

135 – Tafel 53
OTTO RING'S / SYNDETIKON / KLEBT = LEIMT = / KITTET ALLES
L 66,5 x 91,5
ORIGINALLITHOGRAPHIE V. F. SCHULTZ-WETTEL / DRUCK V. WILHELM HOFFMANN A.-G. DRESDEN VERTRETER: KARL JAHNKE, BERLIN, S. 53
l.u. Schultz-Wettel 99.
1899
Inv.-Nr. 25780
Sauermann 92 – DfP III 3028

Schulz, Wilhelm
23.12.1865 Lüneburg – 16.3.1952 München
Graphiker, Illustrator, Studium in Berlin, Karlsruhe und München. Sieben Jahre in lithographischer Kunstanstalt tätig, seit 1897 Mitarbeiter des »Simplicissimus«.
DfP III, S. 267 – Bio-bib. Index Bd. 9, S. 91

136 – Tafel 54
II. KUNST- / AUSSTELLUNG / MAI-OCTOBER 1900. / BERLINER / SECESSION / KANTSTR 12. / NEBEN DEM THEATER DES WESTENS / GEÖFFNET TÄGLICH V. 9 – 7 UHR / EINTRITTSPREIS 1 MK.
L 68,4 x 94,6
KUNSTANST. HOLLERBAUM & SCHMIDT BERLIN N 65
r.u. Schulz
1900
Inv.-Nr. 22291
Sauermann 121 – Redlefsen 96 – DfP III 3050

137
BERLINER SECESSION / KANTSTR. 12, NEBEN DEM THEATER DES WESTENS / V. KUNSTAUSSTELLUNG 1902 / APRIL – OKTOBER TÄGLICH GEÖFFNET V. 9 – 7 UHR / EINTRITTSPREIS 1 MARK.
L 67,5 x 91
M. FISCHER. KUNSTVERLAGSANSTALT BERLIN W. 35
im Bildfeld r.u. Wilh. Schulz
1902
Inv.-Nr. 22292
Sauermann 129 – Redlefsen 97 – DfP III 3051

138

139

140

141

Schwormstädt, Felix
16.9.1870 Hamburg – 1938 Locarno
Illustrator, Zeichner. Studium an den KA Karlsruhe und München (unter K. v. Marr). Seit 1898 in München tätig.

TB 30, S. 392 – Lars U. Scholl: Felix Schwormstädt. 1870–1938. Maler, Pressezeichner, Illustrator, Herford 1990 – Bio-bib. Index Bd. 9, S. 115

138 – Tafel 69
NORDSEEBÄDER / SYLT / SAISON: 1902 / WÄHREND / DER / SAISON 1902 / FAHREN ZWISCHEN / HOYER SCHLEUSE / UND / MUNKMARSCH / DER / SALONDAMPFER / »NORDSEE«, / DER DAMPFER / »WESTERLAND« / SOWIE DER / NEUE DAMPFER / »FRISIA« ...
L 83 x 50
KUNSTANSTALT F.W. KÄHLER, HAMBURG
im Bildfeld l.u. F. Schwormstädt
1902
Inv.-Nr. 26775

Spiegel, Ferdinand
4.7.1879 Würzburg – 1950 Würzburg
Maler, Graphiker, Gebrauchsgraphiker. Studium in München bei J. Diez, 1916 Lehrer an der KA Berlin. Mitarbeiter der »Jugend«.
DfP III, S. 275 – Bio-bib. Index Bd. 9, S. 379

139
BGS / BAYERISCHE / GEWERBE SCHAU / 1912 MÜNCHEN MAI – OKT. / PROTEKTOR S.K.H. PRINZREGENT LUITPOLD VON BAYERN
L 49,5 x 32,5
VEREINIGTE KUNSTANSTALTEN A.G., MÜNCHEN
M.r. Ferdinand Spiegel
1912
Inv.-Nr. 22354 d
DfP III 3136

Stav, Heinrich
23.10.1882 Kiel – 1960 Groß-Nordende / Kr. Pinneberg
Architekt. Studium von 1906–1908 an der TH Darmstadt bei Pützer. Bis 1942 freischaffend in Kiel, dann in Nieblum tätig. Mitglied A. A. V. Hütte Darmstadt, engagierte sich auch in der Bauberatungsstelle des Landesvereins für Heimatschutz.

Heinrich Stav / Karl Wölfle: Neues Bauen auf dem Lande. Beispiele und Anregungen, Altona 1930 – Hans-Günther Andresen: Bauen in Backstein. Schleswig-holsteinische Heimatschutz-Architektur zwischen Tradition und Reform, Heide 1989, S. 205 – Bio-bib. Index Bd. 9, S. 424

140
2880 GEWINNE-M. 21600 W. / PREIS DES LOSES M 0,50 / ZIEHUNG 4. APRIL 1914 / HEIMATSCHUTZLOTTERIE / DES LANDESVEREINS / FÜR SCHLESWIG-HOLSTEIN / HAUPTGEWINNE MARK: / 3000, 2000, 1000 W. / KIEL, NOVEMBER 1913. GENEHMIGT DURCH VERFÜGUNG D. HERRN OBERPRÄSIDENTEN VOM 14. NOV. 1912 FÜR DIE PROVINZ SCHLESWIG-HOLSTEIN
L 45,5 x 76
DRUCK CHARLES COLEMAN, LÜBECK
M.u. Stav. 13
1913
Inv.-Nr. 26264

Stoltenberg, Fritz
7.4.1855 Kiel – 21./22.11.1921 Schönberg / Kiel
Landschafts- und Marinemaler, Aquarellist. Studium an der Weimarer Kunstschule und der KA München. Um 1905 gründete er gemeinsam mit Georg Burmester eine eigene Malschule in Kiel, die später von Burmester allein geführt wurde.
Bio-bib. Index Bd. 9, S. 494

141 – Tafel 50
EXPOSICION DE KIEL 1896 / MAYO 13. – SEPTIEMBRE 30. / EXPOSICION INTERNATIONAL MARITIMA.
L 65,5 x 80,5
LITH. ANSTALT VON L. HANDORFF KIEL
M.r. Fritz Stoltenberg Kiel
1896
Inv.-Nr. 22293
Redlefsen 98 – DfP III 3199 [andere Varianten]

142

143

144

Stroever, Ida Carola
16.9.1872 *Gut Wedigenstein / Westfalen – vor 1938*
Malerin, Graphikerin. Studium in München (Wandmalerei) bei Baer-Matthes, Hummel und Schmidt-Reutte, danach in den Niederlanden, 1906 in Bremen.

Barbara Korn: Gott, Heimat und Phantasie. Leben und Werk der westfälischen Malerin, Grafikerin und und Schriftstellerin Ida Carola Ströver-Wedingenstein, Minden 1965 – DfP III, S. 281 – Bio-bib. Index Bd. 9, S. 524

142 – Tafel 59
F. L. NEUMANN / HAMBURG
[auf dem Flügel:] F. L. NEUMANN / HAMBURG
L 39,5 x 65
CARL GRIESE/ HAMBURG.
r.u. Musterschutz Ida C. Stroever, Muenchen
vor 1898
Inv.-Nr. 22294
Sauermann 109 – Redlefsen 99 – DfP III 3202

Stuck, Franz von
23.2.1863 *Tettenweiß / Niederbayern – 30.8.1928 München*
Maler, Graphiker, Bildhauer, Architekt. Studium KGS München, seit 1885 KA München bei Lindenschmit. 1893 Mitbegründer der Secession München, 1895 Lehrer an der KA München, Mitarbeiter der »Jugend«.
Stuck war neben Lenbach der bedeutendste Salonmaler und ›Malerfürst‹ im München um 1900. Von Anfang an erfolgreich, gelang es ihm, den Gedanken des Gesamtkunstwerkes modifiziert im Sinne des Neobarock und der Neorenaissance bis zum Jugendstil und Neuklassizismus neu zu beleben.

DfP III, S. 281 – H. Voss: Franz von Stuck (mit Werkverzeichnis der Gemälde), München 1973 – Die Münchner Schule 1850–1914, München 1979 – Kat. Franz von Stuck und seine Schüler, München 1989 – Kat. Franz von Stuck. Gemälde, Zeichnung, Plastik aus Privatbesitz, Passau 1993 – Spiel und Sinnlichkeit. Franz von Stuck. 1863–1928, Mittelrhein – Museum Koblenz, Koblenz 1998 – Bio-bib. Index Bd. 9, S. 532 – Claudia Gross-Roath: Das Frauenbild bei Franz von Stuck, Weimar 1999

143
INTERNATIONALE / KUNST- / AUSSTELLUNG / DES VEREINS BILDENDER KÜNSTLER / MÜNCHENS / (SECESSION) / KGL. KUNST-AUSSTELLUNGSGEBÄUDE / KÖNIGSPLATZ GEGENÜBER DER GLYPTOTHEK / VON 1. JUNI BIS ENDE OCTOBER / TÄGLICH GEÖFFNET VON 9 – 6 UHR
PH 61 x 35,5 [stark beschädigt]
WOLF & SOHN. MÜNCHEN.
Im Bildfeld M.u. Franz Stuck
nach 1898
Das Gemälde entstand 1891. Als Vorbild diente der Kopf der Pallas Athena in der Münchner Glyptothek, Nr. 207, von dem Stuck einen Abguss besaß. Der Pallaskopf war seit 1892 das Emblem der Secession. Das Plakat wurde mit Abwandlungen auch für die späteren Ausstellungen der Secession benutzt. Die Secessionsausstellungen fanden seit 1898 in dem Ausstellungsgebäude am Königsplatz statt.
Inv.-Nr. 25802
Sauermann 125 – DfP III 3213

Thielen, Georg
7.3.1853 *Leer (Ostfriesland) – 24.9.1901 Kassel-Wilhelmshöhe*
Architekt, Aquarellmaler und Zeichner. 1871–1874 Studium am Polytechnikum Hannover, zuerst Ingenieurfächer, dann Architektur bei C. W. Hase. Lebte seit 1889 in Hamburg; Bauten für die Hamburgischen Gewerbe- und Industrie-Ausst. von 1889 und 1899.

Ernst Rump: Lexikon der bildenden Künstler Hamburgs, Altonas und der näheren Umgebung, Hamburg 1912, Repr. 1980, S. 140 – DfP III, S. 286 – Bio-bib. Index Bd. 9, S. 681

144
ALLGEMEINE / GARTENBAU / AUSSTELLUNG / HAMBURG / 1897. / MAI BIS OKTBR.
L 78 x 55
KUNST-ANSTALT F. W. KÄHLER, HAMBURG. ST. PAULI CONSTRÖM'S VERLAGSANSTALT DRUCKEREI, HAMBURG.
l.u. Georg Thielen
1897
Inv.-Nr. 22295
Sauermann 38 – Redlefsen 100 – DfP III 3259

145

146

147

148

Unger, Hans Carl Friedrich

26.8.1872 Bautzen – 13.8.1936 Dresden

Studium an der KA Leipzig bei C. F. Seifert. 1892–1895 Studium an der KA Dresden bei F. Preller d. J. und H. Prell, 1897–1898 in Paris bei T. Robert-Fleury und Lefebvre. In Loschwitz bei Dresden ansässig. Seit 1896 Beteiligung an zahlreichen Plakatausstellungen. Mitarbeiter des »Pan«, des »Studio« und der »Jugend« (1896–1909). Mitglied der Münchener Secession.

DfP III, S. 289 – Hans-Günther Hartmann: Hans Unger, Dresden 1989 – Rolf Günther: Hans Unger. Leben und Werk mit dem Verzeichnis der Druckgraphik, Dresden 1997 – Bio-bib. Index Bd. 10, S. 98

145

[ohne Schrift]
[Variante: ESTEY-ORGELN ROST. DRESDEN ALTMARKT]
L 107,7 x 125,3
KUNSTANSTALT v. WILHELM HOFFMANN DRESDEN
M.r. Hans Unger 96
1896
Inv.-Nr. 25784
Sauermann 84 – DfP III 3285 [andere Variante]

146

NICODÉ / CONCERTE / GEWERBEHAUS DRESDEN / 10. NOV. / 1. DEZ. / 12. JAN. / 2. MÄRZ.
Jean Louis Nicodé, Komponist u. Dirigent in Dresden
L 107,0 x 63,6
WILHELM HOFFMANN. KUNSTANSTALT AUF ACTIEN. DRESDEN
l.u. Hans Unger. 97.
1897
Inv.-Nr. 25798
Sauermann 89 – DfP III 3287

147

KLEINE'SCHE / DECKE / D.R.P. 71102 / BESTE / EBENE / DECKE
Für eine Baustoffirma
L 58 x 36
WILHELM HOFFMANN. DRESDEN.
r.u. Hans Unger 97
1897
Inv.-Nr. 25792
Sauermann 97 – DfP III 3288

148

BECK'S / KEY BEER / SOLE IMPORTERS / GEO. WEHRY & CO. / BATAVIA / SAMARANG / SOERABAYA
[auf dem Etikett:] KAISER-BREWERY BECK & CO BREMEN
L 98,5 x 79,5
WILH. HOFFMANN KUNSTANSTALT AUF AKTIEN DRESDEN
unbez.
1897
Inv.-Nr. 22296
Sauermann 82 – Redlefsen 102 – DfP III 3289 [andere Variante]

149 – Tafel 56

PROMÉTHÉE / RÉCHAUD À GAZ
L 83 x 51
WILHELM HOFFMANN. DRESDEN.
unbez.
Inv.-Nr. 25791
Sauermann 104 – [eine andere Variante in Chemnitz G. Meurer zugeschrieben]

149 | 150 | 151 | 152

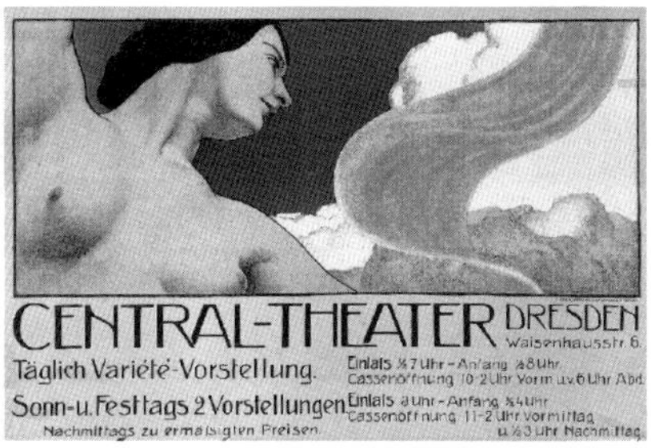

150 – Tafel 55

CENTRAL-THEATER / DRESDEN / WAISENHAUSSTR. 6 / TÄGLICH VARIÉTÉ-VORSTELLUNG. / EINLASS 1/2 7 UHR – ANFANG 1/2 8 UHR. / CASSENÖFFNUNG 10 – 2 UHR VORM. U. V. 6 UHR ABD. / SONN-U. FESTTAGS 2 VORSTELLUNGEN / EINLASS 3 UHR – ANFANG 1/2 4 UHR / CASSENÖFFNUNG 11 – 2 UHR VORMITTAG / U. 1/2 3 UHR NACHMITTAG. / NACHMITTAGS ZU ERMÄSSIGTEN PREISEN.
L 68 x 97
WILHELM HOFFMANN. KUNSTANSTALT A.G. DRESDEN.
unbez.
Inv.-Nr. 25787
Sauermann 98

Wagner, Karl

11.3.1864 Neustadt a.d. Orla – um 1909 Berlin
Tier- und Jagdmaler. Studium KA für Graphische Künste und Buchgewerbe in Leipzig bei F. A. Flinzer, KA Berlin bei P. F. Meyerheim. Mitglied der Künstlergruppe »Jagd und Sport« in Berlin. Vorstands- und Ausschussmitglied des Deutschen Buchgewerbevereins.
DfP III, S. 294 – Bio-bib. Index Bd. 10, S. 364

151

SOEBEN ERSCHIENEN: / MENTZEL'S / LANDWIRTSCHAFTLICHER / KALENDER 1898./ I. TEIL (TASCHENBUCH) GEBUNDEN. II. TEIL (JAHRBUCH) GEHEFTET ...
L 38,5 x 27
VERLAGSBUCHHANDLUNG PAUL PAREY IN BERLIN SW., HEDEMANNSTR. 10.
unbez.
1897
Inv.-Nr. 22318
Redlefsen 128 – DfP III 3339

Wiegand, Martin

27.11.1867 Ilmenau / Thüringen – 21.8.1961 München
Maler, Zeichner, Keramiker, Bildhauer. Lehre als Bildhauer, Studium an der KA München. Seit 1888 in München tätig. 1906 – 1910 künstlerischer Leiter der Porzellanmanufaktur Meißen. Bis 1937 in München als Keramiker tätig.
DfP III, S. 301 – Bio-bib. Index Bd. 10, S. 529

152 – Tafel 52

DÜSSELDORF / 1902 / PROTEKTOR: SE KAISERL. U. KÖNIGL. HOHEIT DER DEUTSCHE KRONPRINZ. / INDUSTRIE-GEWERBE-AUSSTELLUNG FÜR RHEINLAND-WESTFALEN / UND BENACHBARTE BEZIRKE, VERBUNDEN MIT EINER / DEUTSCH-NATIONALEN KUNSTAUSSTELLUNG / VOM 1. MAI BIS 20. OKT.
L 68,5 x 99
FRANZ RANGETTE & SÖHNE, HOF-LITH. U. DRUCK: DÜSSELDORF
im Bildfeld l.u. Martin Wiegand, fec.
1902
Inv.-Nr. 22298
Sauermann 123 – Redlefsen 104 – DfP III 3417

153

154

155

156

Wiese, F.
Lebensdaten unbekannt

153
LANGENSCHEIDT' S / LITTERARISCHER / ABREISS-KALENDER / HIER VORRÄTIG!
[Verlag Langenscheidt KG, Berlin-Schöneberg]
L 68,5 x 45
MEISENBACH, RIFFARTH U. CO. BERLIN-SCHÖNEBERG
l.u. F. Wiese 97
1897
Inv.-Nr. 22299
Redlefsen 105 – DfP III 3429

Wislicenus, Max
17.7.1861 *Weimar* – 24.5.1957 *Pillnitz bei Dresden*
Maler (Genreszenen, historische und religiöse Darstellungen, Landschaften, Stadtansichten, Porträts), Kunstgewerbler (besonders Entwürfe für Gobelins). Sohn des Malers Hermann Wislicenus, 1880–1888 Studium an der KA Düsseldorf bei W. J. A. Sohn, E. von Gebhardt, dann Schüler von B. E. U. Piglhein in München. Ab 1899 Gehilfe seines Vaters bei den Malereien in der Goslarer Kaiserpfalz. Mitarbeiter der »Jugend« (1896–1898). 1896–1921 zuerst Lehrer an der KGS, dann Professor an der KA für Kunst und Gewerbe in Breslau. 1919 Mitglied des Deutschen Werkbundes. Seit 1921 in Pillnitz bei Dresden tätig.
DfP III, S. 304 – Bio-bib. Index Bd. 10, S. 593

154
SCHLESISCHE / KUNST- UND KUNSTGEWERBE- / AUSSTELLUNG / IN / LIEGNITZ / 30. SEPT. BIS / 31. OKTOBER
L 78 x 98
KUNSTANSTALT WILHELM HOFFMANN A.G DRESDEN
r.u. M. Wislicenus.
1902
Inv.-Nr. 25782
Sauermann 94 – DfP III 3447

Witzel, Josef Rudolf
27.9.1867 *Frankfurt / M.* – *vor* 1925
Maler, Illustrator (Karikaturist). Studium am Staedelschen Kunst-Institut in Frankfurt a. M. und Karlsruhe, seit 1890 München. Mitarbeiter der »Jugend«. Umfangreiches Plakatwerk.
DfP III, S. 304 – Bio-bib. Index Bd. 10, S. 603

155 – Tafel 51
MÜNCHNER ILLUSTRIERTE WOCHENSCHRIFT / JUGEND / HIER ZU HABEN.
L 67 x 111
LITH. ANST. Dr. C. WOLF & SOHN, MUENCHEN.
r.u. I.R.W.
1896
Inv.-Nr. 22300
Sauermann 30 – Redlefsen 106 – DfP III 3451

Wustmann, Gustav
9.7.1873 *Leipzig* – 18.2.1939 *Leipzig*
Maler (Porträts), Graphiker, Kunstgewerbler. Studium an der KA für Graphische Künste und Buchgewerbe in Leipzig bei L. Nieper und an der KA München bei H. Knirr u. C. v. Marr. Mitarbeiter der »Jugend« (1907). Seit 1910 Lehrer, dann Studienrat an der KGS (später: Meisterschule des Handwerks) in Leipzig. 1928–1931 1. Vorsitzender des Leipziger Künstlervereins.
DfP III, S. 307 – Bio-bib. Index Bd. 10, S. 651

156
BIOGRAPHISCHE / VOLKSBÜCHER / ... LEBENSBILDER / AUS DEM / NEUNZEHNTEN JAHRHUNDERT / JEDE NUMMER / UND / JEDER EINBAND / 25 PFG. / R. VOIGTLÄNDERS VERLAG IN LEIPZIG
L (Z) 49,5 x 29
RUDOLF LOES, LEIPZIG.
Im Bildfeld r.u. G. Wustmann gez. 97
1897
Inv.-Nr. 22301
Redlefsen 107 – DfP III 3482

Zemter, H.
Lebensdaten unbekannt

157
KUNSTGEWERBE- / MUSEUM / VOM 14. DEC. 1902 BIS 15. JAN. 1903 / AUSSTELLUNG / FLENSBURGER / HANDWERKS- / ERZEUGNISSE

157

158

159

160

161

L 77 x 53
r.u. HZ [ligiert]
1902
Inv.-Nr. 22302
Sauermann 133 [mit dem Druckvermerk: HEESCH, FLENSBURG] – Redlefsen 108 – DfP III 3491

Zumbusch, Ludwig von

17.7.1861 *München* – 28.2.1927 *München*
Maler, Graphiker, Sohn des Bildhauers Kaspar von Zumbusch. Studium KA Wien, München (bei Lindenschmit) und Paris. Mitarbeiter der »Jugend«, Mitglied der Münchner Secession.

TB Bd. 36, S. 597 – Fritz von Ostini: Ludwig von Zumbusch. 8 farbige Wiedergaben nach seinen Bildern, Leipzig 1915 – DfP III, S. 309 – Bio-bib. Index Bd. 10, S. 774

158

JUGEND / MÜNCHNER ILLUSTR. WOCHENSCHRIFT / FÜR KUNST & LEBEN / JUGEND / QUARTAL M.3 – NUMMER 30 PF. / HIER ZU HABEN / G. HIRTH'S VERLAG IN MÜNCHEN.
L 59 x 30
DRUCK WOLF & SOHN MÜNCHEN
im Bildfeld l.o. Zumbusch
1897
Inv.-Nr. 22307
Redlefsen 117 – DfP III 3503

DEUTSCHLAND
Unaufgelöste Künstlermonogramme und Künstlerzeichen

CB

159 – Tafel 57

IRIS / PARFUM
L, handkoloriert 74 x 35,5
ohne Druckvermerk
r.u. CB 99. [im Künstlerzeichen]
1899
Inv.-Nr. 22362
DfP III 3539

FR

160

HIER ZU HABEN / WELT UND HAUS / WÖCHENTLICHES / UNTERHALTUNGSBLATT / MIT BILDERSCHMUCK / UND KUNSTBEILAGEN / JEDES HEFT ENTHÄLT: / ... / ZWEI WERTVOLLE KUNSTBEILAGEN. / HEFTPREIS: / 20 PFENNIGE / 28 HELLER / 30 CENTIMES / ABONNEMENT: / M. 2,50 PRO QUARTAL / KR. 3,60 " " / FRS. 3,50 " "
Für das von R. E. Zschocker im Verlag Welt und Haus, G.m.b.H. Leipzig, herausgegebene Blatt
L 61 x 42,5
DRUCK: LITH. ANST. ADOLPH LÖSCHE, LEIPZIG.
Im Bildfeld M. [auf dem Segel:] FR 1903
1903
Inv.-Nr. 22279
Redlefsen 70 [Fritz Reiss?] – DfP III 3582

K. B.

161

PITTJE PITTJEWITT / ROMAN / VOM NIEDERRHEIN / VON JOSEPH LAUFF / GEH. 4 M. GEB. 5 M. G. GROTE, BERLIN
L 43 x 26
KUNSTANST. HOLLERBAUM & SCHMIDT BERLIN N 65
r.u. K.B.
um 1903
Inv.-Nr. 22278
Redlefsen 69 – DfP III 3606

162

163

164

165

166

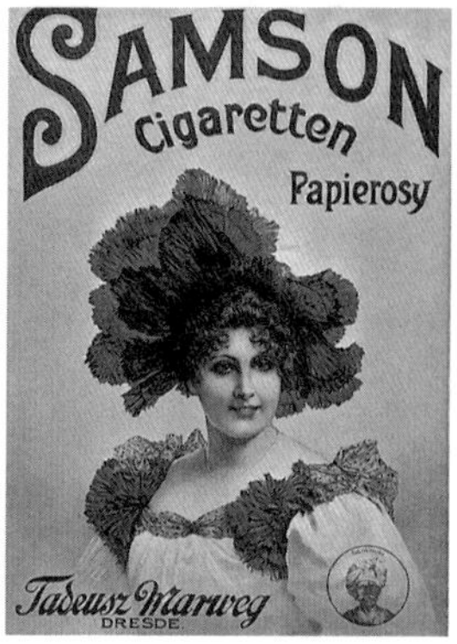

R. S.

162
J. C. KÖNIG + EBHARDT'S / GESCHÄFTS-BÜCHER / AUSGEZEICHNET DURCH / HALTBARKEIT UND / GÜTE.
L 68 x 44
J. C. KÖNIG & EBHARDT, HANNOVER
im Bildfeld l.o. R. S.
vor 1904
Inv.-Nr. 22281
Sauermann 5 – Redlefsen 72 [Rudolf Schiestl?] – DfP III 3642

I. Sch.

163
J. C. KÖNIG & EBHARDT / LONDON HANNOVER WIEN / KUNSTANSTALT / LITHOGRAPHIE BUCHDRUCK /
[im Firmenzeichen:] URBI ET ORBI
L (Chromo) 76 x 50
[im Buch:] I. Sch.
Inv.-Nr. 22306
Redlefsen 116 – DfP III 3603 [I Sch zugeschrieben]

DEUTSCHLAND

Anonyme Plakate nach Druckanstalten geordnet

J. Aberle & Co., Litho, Berlin und London

164
DAUERNDE EXPORT-AUSSTELLUNG / DER LEBENSMITTEL-INDUSTRIE IN HAMBURG. / HARDER & DE VOSS HAMBURG. / PERMANENT EXPORT-EXHIBITION / OF THE FOOD INDUSTRIES. / EXPOSITION PERMANENTE / DES INDUSTRIES ALIMENTAIRES. / EXPOSICION PERMANENTE DE LAS / INDUSTRIAS DE VIVERES PARA LA EXPORTACION. / EXPOSIÇÃO PERMANENTE DAS / INDUSTRIAS DE VIVERES PARA A EXPORTA ÇÃO. / HARDER & DE VOSS, HAMBURG. GR. BURSLAH 36 – 38.
L (Chromo) 64 x 38,5
J. ABERLE & Co., BERLIN.
Inv.-Nr. 22308
Redlefsen 118 – DfP III 3689

165
»SERAIL« / FABRIK TÜRKISCHER TABAKE & / CIGARETTEN. / ERLE & HOFFMANN / DRESDEN.
L 85 x 43
J. ABERLE & Co., BERLIN. Nr. 2537.
Inv.-Nr. 25813

166
SAMSON / CIGARETTEN / PAPIEROSY / TADEUSZ MARWEG / DRESDE.
L 86 x 58
J. ABERLE & CO., BERLIN NR. 2459
Inv.-Nr. 25814

Theodor Beyer, Kunst-Anstalt, Dresden

167
AUSSTELLUNG / DER KÜNSTLER-GRUPPE / ELBIER / VOM 15. MÄRZ BIS 5. APRIL 1903 / IM GEMÄLDE-SALON / G. PISKO / WIEN I, PARKRING 2. / FRITZ BECKERT / ARTHUR BENDRAT / WALTHER BESIG / FERDINAND DORSCH / GEORG ERLER / WALTHER FRIDERICI / JOSEF GOLLER / GEORG MÜLLER-BRESLAU / JOHANNES UFER / AUGUST WILCKENS / WALTHER SINTENIS A.G.
L 65,5 x 45
THEODOR BEYER KUNST-ANSTALT DRESDEN [Signet]
1903
Inv.-Nr. 22304
Sauermann 66 – Redlefsen 114 – DfP III 3792

167

168

169

170

168

CENTRAL-THEATER / NEU! NEU! /
AM TELEPHON / DRAMA IN 2 AKTEN VON
A. DE LORDE & CHARLES FOLEY /
(DEUTSCH VON MAX SCHOENAU.)
L 94 x 66
THEODOR BEYER KUNST-ANSTALT DRESDEN
[Signet]
1903 / 04
Inv.-Nr. 22303
Sauermann 67 – Redlefsen 113 – DfP III 3793

Kunstanstalt O. Dibbern & Sperling, Leipzig

169

THEE RIQUET / THEE RIQUET / SEIT 1745
EINGEFÜHRT!
L 77 x 29
O. DIBBERN & SPERLING, LEIPZIG.
Inv.-Nr. 25783

L. Handorff, Kiel, Lith.-Anstalt

Sammlung Handorff. Alt-Kiel, Kiel,
Stadtbücherei 1970

170

3. WANDERAUSSTELLUNG / DER /
SCHLESWIG-HOLSTEINISCHEN / KUNST-
GENOSSENSCHAFT. / FLENSBURG. KUNST-
GEWERBEMUSEUM / 11.–30. SEPTEMBER 1904 /
TÄGLICH GEÖFFNET VON 10 UHR VORMITTAGS
BIS 7 UHR ABENDS. / EINTRITT
50 PFG., AM TAGE DER ERÖFFNUNG 1 MARK.
L 45,6 x 68
L. HANDORFF, KIEL
Inv.-Nr. 26262

171

172

173

174

175

Graphisch-künstlerische Anstalt Christoph H. Heesch, Flensburg

171 – Tafel 68

DIE OSTSEEBÄDER / VON / FLENSBURG BIS ALSEN [in den Bildfeldern:] DAMPFSCHIFFSPAVILLON, FLENSBURG / HOTEL »SEEGARTEN«, BES. J. MUNCK / BLICK VON HOLTENAU / BLICK A. D. OCHSEN-INSELN VON SÜDERHAFF AUS / BAD HOHENAU / STRANDHOTEL U. LOGIRHAUS OSTSEEBAD GLÜCKSBURG S. SATZ / HOTEL »BAD COLLUND«, BES. C. WAGNER / EINFAHRT IN DEN ALSENSUND BEI SONDERBURG / DÜPPEL DENKMAL / SCHLOSS GLÜCKSBURG / GRAVENSTEIN, KURHAUS / SCHLOSS AUGUSTENBURG

L 75 x 54,5

GRAPH. KÜNSTL. ANSTALT CHRISTOPH H. HEESCH, FLENSBURG

Inv.-Nr. 25777

Jürgens & Bornemann, Hamburg

172 – Tafel 63

NORDLICHT / FEINSTER / TAFEL-AQUAVIT / HERM. G. DETHLEFFSEN / FLENSBURG.

L 54,5 x 35

JÜRGENS. BORNEMANN, HAMBURG, Z.V.N.

Inv.-Nr. 22316

Redlefsen 126 – DfP III 4545

Chromographisches Institut Leo Kempner & Co., Hamburg

Das 1885 gegründete Unternehmen druckte und verlegte neben Plakaten auch Bibelsprüche, Malvorlagen und Gemäldereproduktionen.

Plakate Frankfurt 1986, S. 473

173 – Tafel 49

DEUTSCH-NORDISCHE / HANDELS- UND INDUSTRIE-AUSSTELLUNG / JUNI BIS OCTOBER. / LÜBECK 1895. / ... AUSSTELLUNG VON FRAUENARBEIT UND HAUSFLEISS. / LAND- UND FORSTWIRTHSCHAFTLICHE AUSSTELLUNG. / MARINE AUSSTELLUNG, LEUCHTTHURM. / DEUTSCHE COLONIAL-AUSSTELLUNG. / MASCHINENHALLE FORTDAUERNDER BETRIEB. / FESTHALLE MIT RIESENSAAL. / GARTENBAU- UND LANDWIRTHSCHAFTLICHE MASCHINEN. AUSSTELLUNG IM FREIEN. / ...

L (Chromo) 80 x 53,5

Chromolith. u. Druck von LEO KEMPNER & Co. HAMBURG.

1895

Inv.-Nr. 25796

DfP III 4579

176

177

178

179

180

J. C. König & Ebhardt, Hannover
Festschrift zum 50jährigen Jubiläum der Firma J. C. König & Ebhardt. 1845–1895, Hannover 1895 – Drei-Lilien-Blätter. Hauszeitschrift der Firma J. C. König & Ebhardt, Hannover und Wien, Hannover 1955–1969.

174
BOCK- / BIER
L 71,5 x 52,5
KÖNIG & EBHARDT, HANNOVER.
vor 1904
Inv.-Nr. 22312
Sauermann 6 – Redlefsen 122 – DfP III 4600

175 – Tafel 64
HAUSWALDT'S / CAKES / UND / BISCUITS
Produkte der Fa. J. G. Hauswaldt, Magdeburg
L 80 x 48
J. C. KÖNIG & EBHARDT, HANNOVER.
Inv.-Nr. 22314
Redlefsen 124 – DfP III 4604

176 – Tafel 60
M. F. RACHALS & CO. HAMBURG. /
PIANOFORTES. / RACHALS
L 61,5 x 48
KÖNIG & EBHARDT, HANNOVER
vor 1904
Inv.-Nr. 25790
Sauermann 8 – DfP III 4599

177
PIANOFORTE- / FABRIK / ETABLIRT 1866. /
CAROL OTTO / BERLIN S. O. /
TELEGRAMM-ADRESSE: / »PIANOTTO« / …
LIEGNITZERSTR. NO. 3.
L (Chromo) 86 x 60
J. C. KÖNIG & EBHARDT, HANNOVER durch
REUTER & SIECKE. BERLIN W.
Inv.-Nr. 22309
Redlefsen 119 – DfP III 4602

178
»STERN«- / FAHRRAD-WERKE / ACTIENGESELL-SCHAFT FÜR METALL- U. HOLZINDUSTRIE. /
BERLIN, O. 34. MAINZERSTR. 22/23.
L 69 x 39
J. C. KÖNIG & EBHARDT, HANNOVER DURCH
REUTER & SIECKE, BERLIN W.
um 1913
Inv.-Nr. 22315
Redlefsen 125 – DfP III 4601

179
ZUM GUTEN DAS SCHÖNE / HANNOVERSCHER / KUNSTSALON / GEORG-STR. 8. /
STÄNDIGE AUSSTELLUNG / VON / GEMÄLDEN UND PLAST. / KUNSTWERKEN / EINTRITTSPR. 50 P. JAHRESK. 3 MK. / TÄGLICH GEÖFFNET V. 10–7 UHR / SONNTAGS V. 11–2.
L 79 x 54
KÖNIG & EBHARDT, HANNOVER.
vor 1904
Inv.-Nr. 22305
Sauermann 4 – Redlefsen 115 – DfP III 4597

Mühlmeister und Johler, Druckerei, Hamburg und Bremen
Die 1876 unter dem Namen Mühlmeister, Johler & Brauns gegründete Kunstanstalt führte seit 1881 nur mehr den Namen Mühlmeister & Johler.
Plakate Frankfurt 1986, S. 475

180 – Tafel 70
NORDSEEBAD AMRUM / KURHAUS »ZUR SATTELDÜNE« / AUSFÜHRLICHE BESCHREIBUNGEN / UMSONST UND FREI / DURCH DIE VERWALTUNG DES KURHAUSES ZUR SATTELDÜNE / AUF AMRUM.
[in den Bildfeldern:] STRANDHALLE / KURHAUS UND SATTELDÜNE
L 76 x 52
MÜHLMEISTER UND JOHLER, HAMBURG UND BREMEN
Inv.-Nr. 26496

181

182

183

184

Michael Sandmann, Dresden

181

»ALEXANDRIA« / CIGARETTEN-FABRIK / DRESDEN. [auf der Packung:] COMTESSA / DUCHESSA / PRINCESSA
L 67,5 x 48,5
MICHAEL SANDMANN, DRESDEN.
Inv.-Nr. 22313
Redlefsen 123 – DfP III 4842

Kunstanstalt J. F. Schreiber, Esslingen

100 Jahre J. F. Schreiber. Verlag und Graphische Kunstanstalt, Esslingen / München, Esslingen 1931

182

MEGGENDORFER'S / HUMORISTISCHE BLÄTTER / ERSCHEINEN / WÖCHENTLICH / SEIT 1891. / DAS / SCHÖNSTE / FARBIG / ILLUSTRIERTE WITZBLATT. / PREIS / PRO QUARTAL / (13 NUMMERN) / 3 MARK.
Hd 78 x 50
J. F. SCHREIBER, ESSLINGEN
Inv.-Nr. 25805

Weylandt & Bauchwitz, Berlin

Die Kunstanstalt von Weylandt & Bauchwitz bzw. Graphic Institute Weylandt & Bauchwitz, später Kunst-Anstalt Arnold Weylandt, Berlin, war neben der Hamburger Kunstanstalt Friedländer die bedeutendste für Artisten- und Zirkusplakate.
Kunstanstalt Weylandt, Berlin. Reklame-Plakate nach Künstler-Entwürfen, Berlin 1913

183

GABRIEL & JAEGER / WEISSBIER-BRAUEREI. / BERLIN N. / ZEHDENICKERSTR. 9 U. 10 UND CHORINERSTR. 85 U. 86.
L 74 x 59,5
WEYLANDT & BAUCHWITZ. BERLIN N.
Inv.-Nr. 25808

184 – Tafel 65

»OPAL« / REINIGT HERREN-HÜTE.
L 67 x 43
WEYLANDT & BAUCHWITZ BERLIN FRIEDRICHSTR. 105A [Signet]
Inv.-Nr. 22311
Redlefsen 121 – DfP 5014a

185

[ohne Text, Blankoplakat]
Beduine nähert sich einer Karawane
L 74 x 96
WEYLANDT & BAUCHWITZ, BERLIN [Signet]
Inv.-Nr. 25768
Plakate Frankfurt 1986, Kat.-Nr. 370
[mit Druckvermerk Lith. u. Druck von Th. Mayerhofer & Co., Wien XVI]

185

186

187

188

DEUTSCHLAND

Anonyme Plakate ohne Druckvermerk und ohne Datierung

186

LIEBIG / COMPANY'S / FLEISCH-EXTRACT [auf den Dosen:] ... THE LIEBIG'S EXTRACT OF MEAT COMPANY LIMITED LONDON MANUFACTORIES IN SOUTH-AMERICA FRAY-BENTOS (URUGUAY) ... GENERAL DEPOT ANTWERP

L 86 x 44,5

Das Denkmal des Justus von Liebig wurde am 6.8.1883 auf dem Maximiliansplatz in München enthüllt.

Hauptwerk von M. Wagmüller, ausgeführt nach dessen Tod durch W. v. Rümann.

Inv.-Nr. 22310

Redlefsen 120 – DfP III 5240

187

MDCCCXC [Gründungsjahr] / UNION- / JUGENDSCHRIFTEN/ HIER VORRÄTIG/ EMPFEHLENSWERTE FESTGESCHENKE / FÜR KNABEN UND MÄDCHEN.

L 40 x 26,5

Inv.-Nr. 22355a

DfP III 5144

DEUTSCHE UND INTERNATIONALE ZIRKUS- UND VARIETÉPLAKATE

Anonyme Plakate nach Druckanstalten geordnet

Lithoanstalt Hermann Arnold, Leipzig

188 – Tafel 72

FREIRE TROUPE

L 66 x 100

LITH. ANSTALT VON HRM. ARNOLD LEIPZIG

unbez.

Inv.-Nr. 25823

189 190 191 192

189
SENSATIONELL / ORIGINELL! / PAUL & EVELINE / TRANSFORMATIONS- / IMITATIONS DUO
L 93 x 63
LITH. A. DRUCK VON HERMANN ARNOLD IN LEIPZIG. [Drucksignet]
Inv.-Nr. 25828

Adolf Friedländer, Hamburg

Die Druckerei Friedländer in Hamburg-St. Pauli, Thalstrasse 22, bestand von 1872–1938. Die Steindruckerei, seit 1887 erweitert durch eine Buchdruckerei, entwickelte sich zu einem der bedeutendsten Hersteller von Artistenplakaten für Zirkus und Varieté. Der Firmengründer Adolf Friedländer (gest. 1904) wie auch seine Nachfolger, seine beiden Söhne Ludwig und Max-Otto, entwarfen und lithographierten nicht selbst. Chefzeichner war jahrelang der Tierspezialist Christian Bettels. Für figürliche Darstellungen waren u.a. Henry Schulz, L. Wildt und B. Rajah zuständig. Doch nur wenige Plakate sind signiert.
Die frühen Friedländer-Plakate tragen keine Drucknummern, erst seit 1890/91 wurden die Plakate nummeriert, nach diesen Nummern konnten die Kunden Blankoplakate bestellen. Zwischen 1890 und 1900 entstanden ca. 2000 Plakate, bis 1904 weitere 2000 bzw. bis 1914 mehr als 6000 Plakate. 1929 wurde Max-Otto Friedländer Direktor im Zirkus Busch, Hamburg. 1938 wurde die Firma aus antisemitischen Gründen durch die Nationalsozialisten geschlossen. 1939 erfolgte die Emigration der Brüder nach England.

DfP III, S. 337f. – Menschen. Tiere. Sensationen. Zirkusplakate 1880–1930, hrsg. von Carl-Albrecht Haenlein/ Wolfgang Till, Kestner-Gesellschaft Hannover, Hannover 1978, S. 170 – Ruth Malhotra: Manege frei. Artisten- und Circusplakate von Adolf Friedländer, Dortmund 1979 – Plakate Frankfurt 1986, S. 472

190
OLOPA / EQUILIBRISTA / MUSICALE
L 115 x 78
LITH. ADOLPH FRIEDLÄNDER HAMBURG 1061
[Signet]
um 1897
Inv.-Nr. 25771

191
[Handschriftlich:] VOM 16 – 30 JUNI / INTERNATIONALE = RINGKÄMPFE / SIEHE TAGES = ZEITUNGEN.
Zwei Ringer
L 90 x 66
LITH. ADOLPH FRIEDLÄNDER HAMBURG 1727
[Signet]
um 1900
Inv.-Nr. 25801
DfP III 4060

Kölner Verlagsanstalt

192 – Tafel 71
BROTHERS GODART / COMICS EXCENTRICS
L 68 x 94
LITHO KÖLN KÖLNER VERLAGSANSTALT 11899
Inv.-Nr. 25822

193

194

195

196

197

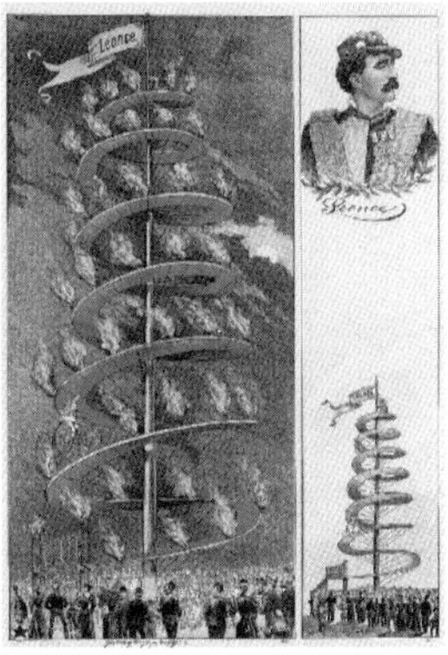

Pössenbacher'sche Buchdruckerei, München

193
LEONCE / SEUL ET UNIQUE AU MONDE /
SPIRAL-ASCENSIONNISTE EN VELOCIPEDE
60 PS. DE HAUTEUR, 35 C. DE LANGEUR /
EXERCICE SENSATIONEL / SANS AUCUN
DE RATTRAPE NI RAMPE NI / FILET DES SURETE
EN-DESSOUS. SANS AUCUNE CONCURRENCE /
1000 FRANCS / A N'IMPORTE QUEL
VELOCIPEDISTE QUI EXECUTERA LE MÊME
EXERCICE. FORCE COURAGE
SANGFROID
L 98 x 66
PÖSSSENBACHER'SCHE BUCHDRUCKEREI
MÜNCHEN
Inv.-Nr. 22319
Redlefsen 129

Lithoanstalt William Rohde, Hamburg

194
THE / ROBERTS / TROUPE. / IN SHADOW LAND
L 85 x 65
WILLIAM ROHDE HAMBURG 46 [Signet]
Inv.-Nr. 25827

195
THE ANTONETTIES
L 162 x 65
WILLIAM ROHDE HAMBURG 58
Inv.-Nr. 25825

**Alexander Hoenig bzw.
Star Printing Office, Berlin**

Der Maler und Zeichner Alexander Hoenig (geb. 1846) hatte nach seinem Studium in Brügge, Düsseldorf und Berlin von 1870–1879 unter dem Künstlernamen Redua Xela als Schnellmaler gearbeitet bzw. sich auch unter dem Namen August Alexander einen Ruf als Humorist erworben. Seiner Buch- und Steindruckerei in Berlin gab er den Namen Star Printing Office, für die er selbst entwarf und die auch 1896 auf der Internationalen Plakatausstellung in Reims vertreten war. Später wurde er Gründer und Präsident der Internationalen Artisten-Genossenschaft.
Star Printing Office zählte zu den führenden europäischen Kunstanstalten für Zirkus- und Varietéplakate.
Plakate Frankfurt 1986, S. 473

196
LOLA DE LA SAVA
L 90,5 x 66
STAR PRINTING OFFICE 4318 [Signet]
Inv.-Nr. 25829

197 – Tafel 73
LEONCE [auf den Fahnen:] LEONCE
L 70,5 x 47,9
STAR PRINTING OFFICE ALEX HOENIG 3512
[Signet]
Inv.-Nr. 26349

198

199

200

201

198

ZENTO TROUPE / CHAMPION WHEEL RI[DERS] / OF THE WORLD
L 66 x 90
STAR PRINTING OFFICE REG. 4368 [Signet]
Inv.-Nr. 25824

199

THE ORIGINAL MDLLE / SELINA AND THE LEOPARD TROUPE / FIVE IN NUMBER / TWO LADIES AND THREE GENTLEMEN / MDLLE SELINA, THE FIRST AND ORIGINAL ...
L 91 x 67
STAR PRINTING OFFICE REG. 4440 [Signet]
Inv.-Nr. 25770

Weylandt & Bauchwitz, Berlin

Die Kunstanstalt von Weylandt & Bauchwitz bzw. Graphic Institute Weylandt & Bauchwitz, später Kunst-Anstalt Arnold Weylandt, Berlin, war neben der Hamburger Kunstanstalt Friedländer die bedeutendste für Artisten- und Zirkusplakate.
Kunstanstalt Weylandt, Berlin. Reklame-Plakate nach Künstler-Entwürfen, Berlin 1913

200 – Tafel 74

MS. CABARET / AVEC SES / CHIENS- / MIGNONS / MERVEILLEUX
L 90 x 66
LITH. DRUCK WEYLANDT & BAUCHWITZ, BERLIN FRIEDRICHSTR. [Signet]
Inv.-Nr. 25821

202

203

204

201

ORIGINAL / NIAGARA AND / PONCHERY / PROPRIETOR OF THE / GOLD CHAMPION MEDAL / [um die Medaillen:] BERLIN DEN 1. MAI 1893 / BERLIN /WARSCHAU / PETERSBURG / LODZ / BERLIN
L 95 x 70,5
WEYLANDT & BAUCHWITZ GRAPHIC INSTITUTE B [Signet]
Inv.-Nr. 25769

202

ORIGINAL TRABAJO ESPANNOL / GRIGORY TROUPE
L 66 x 89
WEYLANDT & BAUCHWITZ GRAPHIC INSTITUTE B [Signet]
Inv.-Nr. 25806

DEUTSCHE UND INTERNATIONALE ZIRKUS- UND VARIETÉPLAKATE

Anonyme Plakate ohne Druckvermerk

203

JOHN AND FE
L 89 x 67 [in zwei Teilen, rechte Hälfte fehlt]
Inv.-Nr. 25772

204

KAUFMANN'S CHAMPION TROUPE / KINDER / KUNSTFAHRER / TERZETT / NEU ! / AUS AMERIKA
[auf den Feldern:] KAUFMANN FÄHRT »BRENNARBOR« / KAUFMANN BENUTZT CONTINENTAL-PNEUMATIC
L 62,5 x 94,5
r.u. Wien
Inv.-Nr. 26346

Literaturverzeichnis

Verzeichnis der abgekürzt zitierten Literatur

Bio-bib. Index
Allgemeines Künstlerlexikon. Bio-bibliographischer Index A–Z, hrsg. vom K. G. Saur Verlag München-Leipzig, 10 Bde., Leipzig 1999

DfP
Das frühe Plakat in Europa und den USA. Ein Bestandskatalog,
Bd. 1: Großbritannien. Vereinigte Staaten von Nordamerika, bearb. von Ruth Malhotra / Christina Thon, Berlin 1973;
Bd. 2: Frankreich und Belgien, bearb. von Ruth Malhotra / Marjan Rinkleff / Bernd Schälicke, Berlin 1977;
Bd. 3: Deutschland, Teil 1: Text, Teil 2: Tafeln, bearb. von Helga Hollmann, Ruth Malhotra, Alexander Pilipczuk, Helga Prignitz, Christina Thon, Berlin 1980

Plakate Frankfurt 1986
Plakate 1880–1914. Inventarkatalog der Plakatsammlung des Historischen Museums Frankfurt, bearb. von Viktoria Schmidt-Linsenhoff, Kurt Wettengl, Almut Junke, Frankfurt 1986

Redlefsen
Redlefsen, Ellen: Plakate um 1900. Ausstellung aus wieder aufgefundenen Sammlungsbeständen, Städtisches Museum Flensburg, (masch.) Flensburg 1973

Sauermann
Die Kunst auf dem Papier. Katalog der Ausstellung, Kunstgewerbe-Museum Flensburg, bearb. von Ernst Sauermann, Flensburg 1904

Saur
Allgemeines Künstler-Lexikon. Die bildenden Künstler aller Zeiten und Völker, erarb., redigiert und hrsg. von Günter Meißner, 28 Bde., Leipzig 1983ff.

SHBL
Schleswig-Holsteinisches Biographisches Lexikon, hrsg. von der Schleswig-Holsteinischen Landesbibliothek, Bd. 1–11, Neumünster 1970–2000

TB
Allgemeines Lexikon der bildenden Künstler von der Antike bis zur Gegenwart, hrsg. von Ulrich Thieme / Felix Becker, 37 Bde., Leipzig 1907ff.

Literatur (in Auswahl)

Buschhoff, Anne: Blickfänger. Französische Plakate um 1900 aus der Sammlung der Kunsthalle Bremen, Bremen 2001

Die Avantgarde und das Plakat. Künstlerplakate vom Historismus bis zum Bauhaus, Museum für Kunst und Gewerbe Hamburg, bearb. von Birgit Doering, zugl. Diss. 1994, Hamburg 1998

Gagel, Hanna: Studien zur Motivgeschichte des deutschen Plakates 1900–1914, Phil. Diss. Bremen 1971

Galerie der Straße. Höhepunkte der Plakatkunst von ihren Anfängen bis heute. Aus der Plakatsammlung des Hess. Landesmuseums Darmstadt, bearb. von Martina Harms-Lückerath, Heidelberg 1998

Halter, Albert: Als die Bilder reizen lernten. Zum Umgang mit den Produkten im französischen Warenplakat 1900–1930, Diss. Zürich 1992

Henatsch, Martin: Die Entstehung des Plakates. Eine rezeptionsästhetische Untersuchung, Hildesheim / Zürich / New York 1994

Historische Plakate 1890–1914, hrsg. von Susanne Anne. Mit einem Beitrag von Katharina Metz, bearb. von Katharina Metz und Liane Sachs, Städtische Kunstsammlung Chemnitz, Stuttgart 1995.

Kamps, Johannes: Plakate, Tübingen 1999

Kunst! Kommerz! Visionen! Deutsche Plakate 1888–1933, Deutsches Historisches Museum Berlin, Heidelberg 1992

Paris. Belle Epoque 1880–1914. Kunsthalle der Hypo-Kulturstiftung München, München 1994 / 95

Plakate der Jahrhundertwende. Landesmuseum Oldenburg, hrsg. von Peter Reindel, Oldenburg 1989

Plakatkunst. Von Toulouse-Lautrec bis Benetton, hrsg. vom Museum für Kunst und Gewerbe Hamburg, bearb. von Jürgen Döring, Heidelberg 1994

Rademacher, Hellmut: Theaterplakate – ein internationaler historischer Überblick, Leipzig 1990

Sponsel, Jean-Louis: Das moderne Plakat, Dresden 1897

Strauss, Martin: Plakat. Kunst. Über die Verwendung eines Massenmediums durch die Kunst, Wien 2000

Wember, Paul: Die Jugend der Plakate 1887–1917, Kaiser Wilhelm-Museum, Krefeld, Krefeld 1961

Künstlerregister
Unter Angabe der Katalognummer

Impressum

Das Plakat!
Die Kunst der Straße! 1889 – 1914
Bestandskatalog der Plakatsammlung
des Museumsberges Flensburg

Erschienen anlässlich der Ausstellung
im Hans-Christiansen-Haus, Museumsberg
Flensburg, vom 24.6. bis zum 2.9.2001

Mit freundlicher Unterstützung
der Kulturstiftung der
Sparkasse Schleswig-Flensburg

Auflage
1000 Exemplare

Die Deutsche Bibliothek
CIP-Einheitsaufnahme
Ein Titeldatensatz für diese Publikation ist bei
Der Deutschen Bibliothek erhältlich.

ISBN
3-8042-1014-7

Herausgeber
Museumsberg Flensburg
Direktor: Ulrich Schulte-Wülwer

Ausstellung und Katalog
Ulrike Wolff-Thomsen

Redaktion des Kataloges
Dorothee Bieske, Ulrich Schulte-Wülwer,
Ulrike Wolff-Thomsen

Konzept der Hängung
Dieter Hankel, Ulrich Schulte-Wülwer,
Ulrike Wolff-Thomsen

Austellungsaufbau
Petra Heide-Petersen, Wilfried Weber,
Dariusz Fender

Kataloggestaltung und Satz
Eckstein & Hagestedt, Kiel

Lithographie
Reproduktionsanstalt, Neumünster

Druck
Verlag Boyens & Co. Heide

Fotonachweis
Ina Steinhusen, Flensburg:
Tafel 1–74, Kat.-Nr. 1–204

Kiel, Kunsthistorisches Institut,
Fotoarchiv: Abb. 1–3, 5, 6

London, Victoria & Albert Museum:
Abb. 4

Umschlag: Alexander Baranowsky,
Große Kunstausstellung Dresden 1908,
Museumsberg Flensburg